民宿客栈开店指南

· 实战图解版 ·

江美亮 主编

化学工业出版社

·北京·

内容简介

《民宿客栈开店指南（实战图解版）》一书，分4篇15章内容对如何开家赚钱的民宿客栈进行了详细的规划和指导，具体包括：投资策划篇（开店准备、投资分析、模式选择、选址装修、开业筹备），经营实战篇（人员配置、产品定价、成本管理、安全管理），营销推广篇（线上平台推广、自媒体推广、传统推广），服务提升篇（提供优质服务、提供超值服务、提高客户满意度）。

本书采用模块化设置，从开店准备到服务提升进行了详细的讲解。本书图文并茂，穿插大量的实战案例，实用性强，可供创业投资及民宿客栈的管理者、从业人员，以及新入职的毕业生，有志于从事民宿客栈管理的人士学习参考。

图书在版编目（CIP）数据

民宿客栈开店指南：实战图解版/江美亮主编．—北京：化学工业出版社，2021.8
ISBN 978-7-122-39191-9

Ⅰ.①民… Ⅱ.①江… Ⅲ.①旅馆-经营管理-指南 Ⅳ.①F719.2-62

中国版本图书馆CIP数据核字（2021）第096562号

责任编辑：陈　蕾　　　　　　　　　　　　　装帧设计：小徐书装
责任校对：宋　玮

出版发行：化学工业出版社（北京市东城区青年湖南街13号　邮政编码100011）
印　　装：大厂聚鑫印刷有限责任公司
710mm×1000mm　1/16　印张16　字数292千字　2021年8月北京第1版第1次印刷

购书咨询：010-64518888　　　　　　　　　售后服务：010-64518899
网　　址：http://www.cip.com.cn
凡购买本书，如有缺损质量问题，本社销售中心负责调换。

定　　价：88.00元　　　　　　　　　　　　　　　　　　　版权所有　违者必究

前言

民宿客栈是我国近年来发展势头比较猛的一个行业，尤其是旅游业的迅速发展，加速了民宿客栈行业在我国各个地区的发展。

民宿客栈这种小微住宿形态作为一种新型而具有特色的接待形式，通过温馨而亲民的方式为游客提供了更加具有地方特色的旅游体验，越来越多的人接受并且喜欢上了这种住宿形态，或者说是旅行方式。

随着民宿客栈的需求越来越大，很多人都有开民宿客栈的想法，对于刚步入社会的年轻人或者大中专毕业生来说，他们更是带着一种情怀、一种创业的梦想，希望开家民宿客栈。但是，开家民宿客栈也不是一件容易的事情，需做好各方面的准备工作。

疫情后，作为内循环发展动力之一的国内旅游明显增强，面对民众出游和住宿习惯的改变，以前倾向于远行至热门城市的游客，更加倾向自驾游或近距离周边游，作为周边游主要的住宿形式，乡村民宿重新进入民众视野。

那么，如何开一家民宿客栈、怎样定位、手续如何办理、有哪些流程、怎样推广和宣传、如何提升管理水平、如何提升从业人员素质，很多民宿客栈创业者或者经营者觉得组织人员参加专业培训，又花时间又费钱，购买一些专业书学习参考，又找不到合适的、实操性强的工具书。

基于此，为了让更多的创业投资者及民宿客栈的管理者、从业人员，以及有志于从事民宿客栈管理的人士花更少的时间学习到更多的经验，我们特地组织了具有实际运营经验的一线从业者编写了《民宿客栈开店指南（实战图解版)》一书,供读者参考学习。

　　本书分4篇15章内容,对如何开家赚钱的民宿客栈进行了详细的规划和指导,具体包括:投资策划篇(开店准备、投资分析、模式选择、选址装修、开业筹备);经营实战篇(人员配置、产品定价、成本管理、安全管理);营销推广篇(线上平台推广、自媒体推广、传统推广);服务提升篇(提供优质服务、提供超值服务、提高客户满意度)。

　　本书模块化设置,从开店准备到服务提升进行了详细的讲解;本书图文并茂,穿插大量的实战案例,实用性非常强,可供创业投资者及民宿客栈的管理者、从业人员,以及有志于从事民宿客栈管理的人士学习参考。

　　由于笔者水平有限,疏漏之处在所难免,敬请读者批评指正。

编者

目录

第1篇 投资策划篇

第1章 开店准备 ·········· 002

当老板,开创属于自己的事业是每个有志者的心愿。然而,开店并不是一件容易的事,创业者不仅需要具备相应的行业知识,还要有相应的开店能力,同时还要有充足的资金做支持,更要有良好的心态。

1.1 开店知识准备 ·········· 003
- 1.1.1 开店应懂的行业常识 ·········· 003
- 1.1.2 开店应懂的财务常识 ·········· 005
- 1.1.3 开店应懂的法律常识 ·········· 008
  - 相关链接 个体工商户常识 ·········· 009

1.2 开店能力判断 ·········· 010
- 1.2.1 是否具备审美能力 ·········· 010
- 1.2.2 是否具备经营能力 ·········· 011
- 1.2.3 是否具备营销能力 ·········· 011
- 1.2.4 是否具备沟通能力 ·········· 011

1.3 开店资金准备 ·········· 012
- 1.3.1 筹集资金的原则 ·········· 012
- 1.3.2 筹集资金的途径 ·········· 014
  - 相关链接 成功申请创业贷款的技巧 ·········· 017

1.4 开店心理准备 ·········· 017
1.4.1 要有积极乐观的心态 ·········· 018
1.4.2 要对风险有正确的认识 ·········· 018
1.4.3 要有吃苦的心理准备 ·········· 018
1.4.4 要有承受压力和挫折的心理准备 ·········· 018

第2章 投资分析 ·········· 019

对于创业者来说，在决定开民宿之前，要对拟建项目进行全面分析和科学论证，对拟建项目有关的市场、成本、客群、风险等进行调研和分析，最好还能编制一份投资价值分析报告，为投资决策提供科学依据。

2.1 前期调研分析 ·········· 020
2.1.1 区位和市场总量调查 ·········· 020
2.1.2 区域内交通系统调查 ·········· 020
2.1.3 区域自然环境调查 ·········· 021
2.1.4 投资环境调查 ·········· 022
2.1.5 当地民宿业态调查 ·········· 022
2.1.6 当地民宿业竞争态势调查 ·········· 023
2.1.7 区域文化氛围与民情调查 ·········· 023

2.2 投资成本分析 ·········· 023
2.2.1 前期投入成本分析 ·········· 023
2.2.2 运营成本分析 ·········· 024
2.2.3 投资回报分析 ·········· 025

2.3 市场定位分析 ·········· 025
2.3.1 定位的步骤 ·········· 025
2.3.2 市场定位 ·········· 026
2.3.3 目标客户定位 ·········· 027
2.3.4 房型定位 ·········· 030
2.3.5 价格定位 ·········· 030
2.3.6 营销策略定位 ·········· 030

2.4 风险评估分析 ·· 031
2.4.1 法律风险 ·· 031
2.4.2 自然灾害风险 ·· 032
2.4.3 租赁合同风险 ·· 033
2.4.4 盈利风险 ·· 033
2.4.5 意外事故风险 ·· 034

第3章 模式选择 ·· 035

一般常见的经营投资方式主要有个体独自经营、邀亲朋好友合伙、投靠加盟体系。如果自己拥有一套成熟的经营管理体系及经验，那么完全可以考虑独立开店。若无经验，选择合适的加盟体系，从中学习管理技巧，也不失为降低经营风险的好方法。而若有经验但资金不足，可选择有投资意向的人合伙经营。

3.1 个人独资经营 ·· 036
3.1.1 什么是个人独资企业 ·· 036
3.1.2 个人独资企业的优势 ·· 036
3.1.3 个人独资企业的缺点 ·· 036
相关链接　个人独资企业与个体工商户的异同点 ·· 037

3.2 合伙经营 ·· 038
3.2.1 设立合伙企业的条件 ·· 038
3.2.2 合伙方式 ·· 038
3.2.3 合伙经营的优势 ·· 039
3.2.4 合伙经营的缺点 ·· 039
3.2.5 合伙经营的注意事项 ·· 040
相关链接　合伙企业与有限责任公司的比较 ·· 041

3.3 品牌加盟连锁 ·· 043
3.3.1 了解加盟形式 ·· 043
3.3.2 选择加盟品牌 ·· 043
3.3.3 了解加盟流程 ·· 046
3.3.4 加盟前期考察事项 ·· 047

  3.3.5 签订加盟合同 ···································· 047

    相关链接 签订加盟合同应注意的事项 ················ 048

第4章 选址装修 ·· 055

  可以这样说，选址与装修是民宿的灵魂之一，只有使民宿把完美的一面展现出来，这样才可以把更多的过路人吸引入进你的民宿。

4.1 位置的选择 ·· 056

  4.1.1 民宿选址应考虑的因素 ····························· 056

  4.1.2 休闲民宿的选址 ····································· 058

  4.1.3 城市民宿的选址 ····································· 059

4.2 店名的设计 ·· 062

  4.2.1 民宿起名的原则 ····································· 063

  4.2.2 民宿起名的方法 ····································· 064

  4.2.3 民宿起名的技巧 ····································· 064

4.3 格局的规划 ·· 065

  4.3.1 民宿的设计原则 ····································· 065

  4.3.2 民宿空间布局设计 ··································· 067

  4.3.3 民宿设计的技巧 ····································· 069

4.4 装修的实施 ·· 070

  4.4.1 装修风格选择 ······································· 070

  4.4.2 装修注意事项 ······································· 077

  4.4.3 软装设计搭配 ······································· 079

第5章 开业筹备 ·· 082

  筹备开业是一项非常烦琐、复杂的工作，是为今后民宿成功运营、降低运营成本等打好基础的重要阶段。它要求经营者既要协调好各种关系，又要考虑周全，在人、财、物等方面做好充分准备。

5.1 相关证件的办理 ·· 083

  5.1.1 营业执照 ··· 083

5.1.2 消防安全许可证 ·· 084
相关链接 《深圳市公众聚集场所投入使用、营业前消防安全检查》
办事指南 ·· 084
5.1.3 特种行业许可证 ·· 085
相关链接 《深圳市旅馆业特种行业许可证核发》办事指南 ·············· 085
5.1.4 食品经营许可证 ·· 086

5.2 开业前期准备事项 ·· 087
5.2.1 店内外清洁工作 ·· 087
5.2.2 地图信息标注 ·· 087
5.2.3 对房间进行通风处理 ·· 088
5.2.4 拍照 ·· 088
5.2.5 设置收款账号 ·· 088
5.2.6 房间测试 ·· 088
5.2.7 用品购买及配置 ·· 089
相关链接 民宿的基本配置 ·· 090
5.2.8 物品归位存储 ·· 090
5.2.9 整体设施设备测试调控 ·· 090

第2篇 经营实战篇

第6章 人员配置 ·· 092

人员配置是民宿管理重要的一部分。科学合理的人员配置有助于工作的开展、服务质量的提升，更有利于经营者实现成本控制。

6.1 团队的组建 ·· 093
6.1.1 确定团队组织架构 ·· 093
相关链接 ××民宿的人员架构体系 ·· 093
6.1.2 招聘团队成员 ·· 095
相关链接 民宿员工招聘技巧 ·· 097
6.1.3 实施店长负责制 ·· 098
相关链接 民宿店长要做"八心人" ·· 099

6.2 团队的管理 · 102
6.2.1 建立团队内部标准流程 · 102
6.2.2 挖掘员工的潜能 · 102
6.2.3 留住员工的策略 · 104

第7章 产品定价 · 107

民宿定价，看似简单，实则掌控着整个民宿的命门，民宿的定价从一定程度上决定了民宿的收益以及利润，并且，不合适的定价也会引起预订房客的不满，从而降低整体的订单率。

7.1 影响定价的因素 · 108
7.1.1 目标客源结构 · 108
7.1.2 投入的成本 · 108
7.1.3 区域物价 · 109
7.1.4 竞争对手价格 · 109
7.1.5 淡旺季 · 109
7.1.6 房间价值 · 110

7.2 参考定价的维度 · 110
7.2.1 回本价格 · 110
7.2.2 淡旺季的影响 · 111
7.2.3 附近房源价格 · 111
7.2.4 平台智能定价 · 111
7.2.5 实时调整价格 · 111

7.3 把握定价的策略 · 112
7.3.1 民宿电商渠道定价 · 112
7.3.2 门店定价 · 112
7.3.3 会员定价 · 113
7.3.4 分销定价 · 113
7.3.5 内部优惠 · 113

第8章 成本管理 ... 114

成本管理有利于实现民宿利润最大化,从而提高民宿在区域、行业内的竞争力。成本管理不是简单的缩减,而是在保证质量并且能够提高质量的情况下,对人力、物力使用进行科学梳理调整,提高综合利用率。

8.1 成本构成 ... 115
8.1.1 房租 ... 115
8.1.2 装修 ... 115
8.1.3 人工 ... 115
8.1.4 日常损耗 ... 115
8.1.5 维修费用 ... 116

8.2 成本分析 ... 116
8.2.1 做好经营成本预算 ... 116
8.2.2 经营初期的成本支出 ... 116
8.2.3 成本逐年递增的应对 ... 117

8.3 成本控制 ... 117
8.3.1 人力成本控制 ... 117
8.3.2 物耗成本控制 ... 119
8.3.3 餐饮成本控制 ... 119
8.3.4 能源成本控制 ... 120
8.3.5 销售成本控制 ... 121
8.3.6 维修成本控制 ... 121
相关链接 民宿经营2~3年后成本控制的重点 ... 122

第9章 安全管理 ... 123

经营一家民宿,不但要给房客提供舒适的环境和优质的服务,更要保障房客的安全,让房客住得安心、住得放心。

9.1 住宿安全管理 ... 124
9.1.1 进行实名入住 ... 124

9.1.2 启用智能门锁 ·········· 124
9.1.3 安装监控设备 ·········· 124
9.1.4 确保房客人身安全 ·········· 125
9.1.5 保证用电安全 ·········· 125

9.2 餐饮安全管理 ·········· 126
9.2.1 确保食材安全 ·········· 126
9.2.2 烹饪加工安全 ·········· 128
9.2.3 餐具清洗消毒 ·········· 129
9.2.4 从业人员管理 ·········· 130
9.2.5 场所清洁要求 ·········· 132

9.3 卫生安全管理 ·········· 133
9.3.1 用水卫生要求 ·········· 133
9.3.2 住宿卫生要求 ·········· 133
9.3.3 卫生管理要求 ·········· 134
9.3.4 疫情防控要求 ·········· 135

9.4 消防安全管理 ·········· 137
9.4.1 消防安全技术措施 ·········· 137
9.4.2 日常消防安全管理 ·········· 139
9.4.3 消防安全职责 ·········· 140
相关链接　北京市《乡村民宿建筑消防安全规范》(节选) ·········· 141

第3篇　营销推广篇

第10章　线上平台推广 ·········· 150

随着互联网科技的发展，线上平台已经成为最简单、直接、有效的营销渠道，也是民宿营销渠道中性价比较高的，非常值得民宿主们选择。

10.1 线上平台的类型 ·········· 151
10.1.1 主要的OTA平台 ·········· 151
10.1.2 主要的短租平台 ·········· 152

10.1.3 线上平台的选择 ································· 153
  相关链接 OTA渠道与短租平台的区别 ··············· 154

10.2 线上平台的房源优化 ································· 156
 10.2.1 房源首图的选择 ································· 156
 10.2.2 房源标题的命名 ································· 157
 10.2.3 房东头像及昵称 ································· 157
 10.2.4 房源详情及描述 ································· 158

10.3 线上平台的排名优化 ································· 159
 10.3.1 影响OTA排名的因素 ···························· 159
 10.3.2 提高线上平台排名的技巧 ······················· 163
  相关链接 住客使用线上平台预订的步骤和心理 ······ 167

第11章 自媒体推广 ·· 169

现如今人人都是自媒体，那民宿的推广也一样，要学会利用自媒体平台为自己的推广助力。自媒体本身就拥有巨大的流量，比如微信、微博、抖音、快手等，在这些平台上认证之后，用合理的民宿推广方案去运营它，慢慢地就能找准自己的客户群体了。

11.1 自媒体推广认知 ····································· 170
 11.1.1 什么是自媒体 ··································· 170
 11.1.2 自媒体推广的要点 ······························ 170
 11.1.3 自媒体推广渠道的选择 ·························· 174

11.2 微信推广 ·· 176
 11.2.1 微信公众号推广 ································ 176
  相关链接 民宿公众号文案内容创作 ················ 177
 11.2.2 个人微信号推广 ································ 179
 11.2.3 微信朋友圈推广 ································ 181

11.3 抖音推广 ·· 182
 11.3.1 适合抖音推广的民宿 ···························· 182
 11.3.2 抖音推广的技巧 ································ 183
 11.3.3 抖音的运营 ····································· 184

11.4 直播推广 186
11.4.1 民宿直播的好处 186
11.4.2 民宿直播的三要素 186
11.4.3 民宿直播的要点 188
相关链接　飞猪联合小猪短租启动民宿直播 189

第12章　传统推广 191

虽说现在是智能化、网络化的时代，对于民宿主来说，传统推广的方式也不能放弃，在做好线上平台推广的同时，也要做好软文推广、口碑营销、品牌营销等工作，从各个角度吸引客人到店。

12.1 软文推广 192
12.1.1 文案的重要性 192
12.1.2 文案撰写的原则 192
12.1.3 文案撰写的技巧 195

12.2 口碑营销 200
12.2.1 口碑营销的好处 200
12.2.2 口碑营销的传播源 201
相关链接　获得客人好评的方法 203
12.2.3 口碑营销的技巧 205

12.3 品牌营销 207
12.3.1 品牌形象设计 207
12.3.2 品牌形象打造 210
12.3.3 品牌营销策略 212

第4篇　服务提升篇

第13章　提供优质服务 216

客栈民宿属于第三产业中的服务业，服务的好坏直接影响到客人入住体验。服务是一种无形商品输出，客栈民宿时时刻刻都向客人输出服务产品。

13.1 谨遵服务礼仪 ····· 217
13.1.1 合理宣传 ····· 217
13.1.2 服务热情 ····· 217
13.1.3 细心整理 ····· 217
13.1.4 善意提醒 ····· 217
13.1.5 遵守法律 ····· 217

13.2 完善服务流程 ····· 218
13.2.1 客人入住前服务流程 ····· 218
13.2.2 客人入住期间服务流程 ····· 218
13.2.3 退房后服务流程 ····· 219

13.3 优化服务细节 ····· 219
13.3.1 配备整洁干净的床品 ····· 219
13.3.2 设置留言墙 ····· 220
13.3.3 准备应急物品 ····· 220
13.3.4 提供特色餐品 ····· 220
13.3.5 发送温馨短信 ····· 220
13.3.6 准备品牌洗漱用品 ····· 221
13.3.7 提供入住惊喜 ····· 221

第14章 提供超值服务 ····· 222

在市场竞争的促使下，民宿在满足客人基本的入住需求（如客房设施、卫生等）外，富有人情化的个性服务以及所提供的超值服务，成了其被越来越多客人所喜爱的关键，并因此收获了不少优质的好评。

14.1 实现智能服务 ····· 223
14.1.1 自助办理入住 ····· 223
14.1.2 智能家居体验 ····· 223

14.2 提供增值服务 ····· 224
14.2.1 贴心的接送服务 ····· 224
相关链接 如何做好民宿接送服务 ····· 224

14.2.2　热心的行程安排 ··· 226
　　14.2.3　暖心的美食服务 ··· 227
　　　　　　相关链接　民宿提供餐食的注意事项 ····················· 227
　　14.2.4　用心的客房设备 ··· 229
　　14.2.5　别致的伴手礼 ··· 229

第15章　提高客户满意度 ·· 230

　　客户满意度，也叫客户满意指数，是对服务性行业的顾客满意度调查系统的简称，是一个相对的概念，是客户期望值与客户体验的匹配程度。换言之，就是客户通过对一种产品可感知的效果与其期望值相比较后得出的指数。

15.1　客人差评处理 ··· 231
　　15.1.1　差评的来源 ··· 231
　　15.1.2　差评的类型 ··· 233
　　15.1.3　处理差评的步骤 ··· 233
　　　　　　相关链接　处理差评的不合理方式 ··························· 234
　　15.1.4　有效回复差评 ·· 235
　　　　　　相关链接　差评回复话术 ······································· 236

15.2　老客户维系 ··· 238
　　15.2.1　记住客人喜好 ·· 238
　　15.2.2　加强感情联络 ·· 238
　　15.2.3　定期发放优惠券 ··· 238
　　15.2.4　经营客户的朋友圈 ·· 239

第1篇 投资策划篇

第1章 开店准备

导言

当老板，开创属于自己的事业是每个有志者的心愿。然而，开店并不是一件容易的事，创业者不仅需要具备相应的行业知识，还要有相应的开店能力，同时还要有充足的资金做支持，更要有良好的心态。

本章导视图

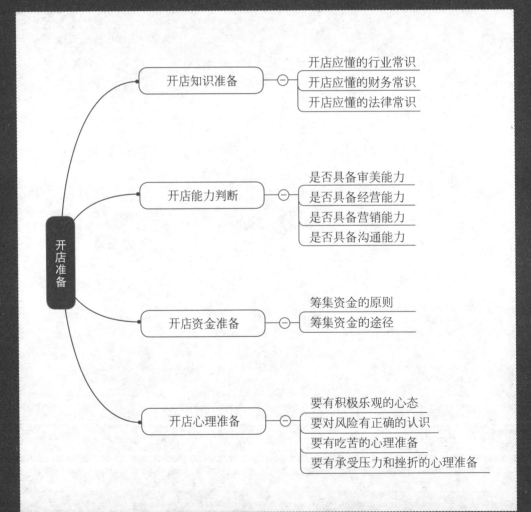

1.1 开店知识准备

开一家民宿客栈并不简单,不是有钱就可以把店开好的,而是要对自己有足够的认识,要具备充分的开店创业素质和开店创业知识,熟知行业常识,了解相应的财务常识及法律常识。

1.1.1 开店应懂的行业常识

客栈与民宿[1]这种小微住宿形态在最近两年以迅猛之势崛起,越来越多的人接受并且喜欢上这种住宿形态,或者说是旅行方式。

1.1.1.1 民宿客栈的概念

目前,国家层面尚未出台专门针对"民宿"的法律法规,也没有对"民宿"作出明确的定义。但国务院办公厅于2018年9月24日发布《完善促进消费体制机制实施方案(2018—2020年)》,将"民宿"归为"短租服务"的一种。

(1)行业对民宿概念的界定。国家文化和旅游部于2019年7月3日颁布的《旅游民宿基本要求与评价》(LB/T 065—2019)中对旅游民宿的定义是:利用当地民居等相关闲置资源,经营用客房不超过4层,建筑面积不超过800m^2,主人参与接待,为游客提供体验当地自然、文化与生产生活方式的小型住宿设施。

(2)客栈的概念。客栈是历史上对住宿设施的一种称谓,与此同义还有逆旅、客舍、旅店、旅馆等名称,是指容宾客临时寄居的能遮风避雨的场所。

在20世纪90年代以后,随着全国各地古城、古镇旅游热潮,许多古城镇景区在旅游高峰期出现了接待设施严重不足的情况,然而大量投资兴建旅游接待设施会造成淡季接待设施的闲置,同时酒店造价与营运成本较高,大规模建设不符合古城镇旅游开发的基本原则,而造价相对低廉、与古城镇景观风貌协调的院落式住宿恰到好处地缓解了这一压力,解决了高峰期古城镇旅游住宿难的问题,因而在丽江、大理、长三角地区等古城镇中出现了一种有别于酒店的住宿业态,因其仿古性,人们习惯地称之为客栈。

以古城镇旅游为依托的客栈是一种以具有地方文化风格特点的院落建筑为经营场所,集食、宿、游、娱为一体的,让游客体验当地的民风民俗、建筑风格、居住方式等人文现象的住宿业态。

---

[1] 为了表述的方便,本书后续内容中我们将民宿、客栈统称为民宿,只是不同的案例中会出现不同的称谓,如××客栈、××民宿等。

（3）民宿、客栈的区别。民宿、客栈在中国大陆地区存在许多共同的基因，是由一脉相传的方式构建的住宿业态。如果非要对二者加以区别，可采用两个尺度：一是物业专门按照住宿设施要求修建者宜称为客栈，利用原有房屋改造者宜称为民宿；二是单栋建筑客房数在15间（套）以下称民宿，超过15间（套）则称客栈。

1.1.1.2 民宿的分类

民宿可以用多种方式对其进行分类，具体如表1-1所示。

表1-1 民宿的不同分类

分类方式	具体类别	具体说明
按发展类别分	传统民宿	传统民宿多以民间百姓的民居为依托改造而成，这类民宿在外观上基本保留原貌，内部进行适当的改造装修；它一般具有一定的历史年限，比较多地保存了当时当地的建筑风格和文化遗存，具有一定的历史文化价值和研究价值，是民宿当中的主流
	现代民宿	现代民宿以新建为主，一般依照当地的建筑风格辟地新建，也可移植域外名宅、名村，形成反差效应，增强吸引力
按地理位置分	乡村民宿	乡村民宿分布在广大农村，具有比较浓厚的"村"味；也可以把建在城市或城郊的，按照乡村风格建设的民宿称为乡村民宿
	城市民宿	城市民宿坐落在城区，它可以是城中的古民居，也可以是城市居民利用自家空余房以家庭副业的形式对外接待客人的民房
按服务功能分	单一服务型	指只提供住宿服务，此类民宿一般紧靠大型景区、旅游综合功能区和城市，因为所依托的区域旅游功能比较齐全，住宿以外的服务能够方便地得到解决
	综合服务型	指除住宿外，还能满足其他的服务需要，如餐饮等，有的民宿自身就是旅游吸引物，除解决吃住外，本身还有观光、休闲、养生等功能
按规模分	居家散落型	这类民宿的主要功能是居家，即房屋主人还住在该处，在满足居家条件的前提下，把多余的房间整理出来做接待客人用
	单独打造型	一两户人家择一合适的地点建造几栋民宅打造成民宿，这类民宿多见于交通要道旁，多以提供特色餐饮为主，兼作住宿，往往功能比较齐全，除食宿外，还注意环境和景观的打造
	小簇集群型	把一个村庄、一条街道或者其中的一部分进行整体规划，连片打造成民宿，这类民宿主要依托的是古村古镇、民族地区，其特点是有规模、有特色，且管理比较完善
	连片新建型	即完全在一块新的土地上，规划建设成片的民宿，这类民宿有的移植国内外某一名村名镇异地打造，如深圳东部华侨城的茵特拉根小镇；有的是恢复已经消失了的历史名村名镇；有的是根据某一文化主线或某一特色资源打造的特色小镇

续表

分类方式	具体类别	具体说明
按层级分	一般民宿	这类民宿主要以居家民宿即传统民宿为主,其特点是原始、朴实、真实
按层级分	精品民宿	精品民宿主要体现在一个"精"字上,与一般民宿不同,它在保留原建筑物外观特色的基础上,对内部装饰会作较大的调整,体现一种"金包银"的状态,这种民宿的美感度、舒适度、享受度甚至胜过高星级宾馆
按层级分	潮流民宿	一般将根据异国异地或名村名镇建设的、恢复重建的古村古镇和主题主线清晰的民宿归类为潮流民宿
按产权分	私有民宿	指产权在每家每户,属个体私人所有,其主体是大量的民居型民宿,它们产权归个人所有,自主管理、自主经营、自负盈亏
按产权分	集体所有民宿	集体所有民宿也分几种,一种是产权为宗族、家族集体所有,如南方地区的客家围屋,这种围屋规模大、房间多、功能全,历史较为悠久,由于牵扯的家庭多,一直没有进行产权分割,用这种民居改造成的民宿,其所有权为家族集体所有,一般由家族组成理事会进行管理和经营;另一种是我国不少农村还保留了集体所有制的民居,用这种民居做成的民宿其产权仍归集体所有
按产权分	国有民宿	是近些年来新出现的民宿类型,主要是各级政府的国有企业收购的民居或新建的成片民居
按产权分	社会民宿	指由社会资本,如私营企业、企业集团等投资建设和经营的民宿,按发展类别又可分为传统民宿和现代民宿 传统民宿多以民间百姓的民居为依托改造而成,这类民宿在外观上基本保留原貌,内部进行适当的改造装修,它一般具有一定的历史年限,比较多地保存了当时当地的建筑风格和文化遗存,具有一定的历史文化价值和研究价值,是民宿当中的主流;现代民宿以新建为主,一般依照当地的建筑风格辟地新建,也可移植域外名宅、名村,形成反差效应,增强吸引力

1.1.2 开店应懂的财务常识

店铺的财务管理是管店的重要环节,该环节可使表面上杂乱无章、千头万绪的店铺生意变得条理清晰,同时还可以防止店铺生意中的各种弊端。事实上,店铺生意所有的管理活动基本上都是建立在财务管理的基础之上的。想使店铺的经营管理更加合理,走上正轨,店主就必须加强财务管理,而要做到这些,其自身就必须具有基础的店铺基本财务知识。主要包括图1-1所示的常识。

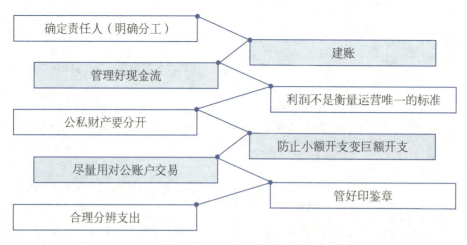

图 1-1 开店应懂的财务常识

1.1.2.1 确定责任人（明确分工）

"麻雀虽小，五脏俱全"，千万不要以为自己的店铺小，就随随便便的不重视财务工作了。无论是连锁公司还是单体小店，财务人员都很重要。你需要有人负责资金和财务管理，这个人不一定是专职，但一定要有这样一个岗位。

1.1.2.2 建账

很多创业者认为建账没有做商业计划、与客户沟通等重要。其实，每个月做好这些记录也是非常重要的，到你真正需要时就不会焦头烂额了。

比如，当你要报税或要向银行提交报告时，如果没有了之前的记录，缺了相关的资料，那就比较麻烦。

> **开店指南**
>
> 最好在创业之初就做好相关准备。在聘请的专业人士未到位之前，可以自己采用手工账的形式进行简单账务管理。

1.1.2.3 管理好现金流

一家店铺倒闭的原因主要是资金周转不灵。现金流是运营一个店铺首先要学会管理的最重要的财务指标。通俗来说，你要知道你的钱从哪来，到哪去了。有条件的话，认真做个预算，算一算下个月的支出，按预算执行对小创业者是非常重要的。

1.1.2.4 利润不是衡量运营唯一的标准

对于刚开始创业的人,利润并不是最佳预测店铺实际运营情况的指标,事实上,利润指标往往令人失望。

如果业务繁荣,你会发现你的现金储备消耗得比预期要快很多,你的利润可能会比较低,但这也许是好事,因为业务增长的十分迅速。相反,通过计算店铺业务的增长率,可以得知店铺是否在正确的道路上发展。

1.1.2.5 公私财产要分开

现在有不少店铺均为创业者独自经营,因此,就会出现一个问题:财务公私不分。

本来生意的现金周转、利润水平都处于相对理想的状态,但个人的高消费足可以严重影响生意的财务状况。同时,尽管是"肉烂在锅里",但由于财务公私不分,很难使店铺正常发展。

1.1.2.6 防止小额开支变巨额开支

有时候,许多小额费用加起来,会成为一笔很大的费用。把这些项目综合起来看,你觉得值得吗?如果答案是否定的,你就需要从所有这些项目对店铺的综合影响上来考虑,超过一定数额的费用花得是否值得,而不是只看相互分离、彼此互不联系的购买项目。

1.1.2.7 尽量用对公账户交易

所有交易力求用对公账户完成。因为通过银行账户付款是有一定流程的,只要把印鉴章管好,一个人是无法把钱转走的。同样,收款也要走银行,务必不能让业务员经手现金。

开店指南

> 尽量做到不收现金、不付现金(小额费用可以装个POS机),这样年底就是不做账,打个对账单流水也能把店铺现金流看个大概,还能保证真实性。

1.1.2.8 管好印鉴章

如果你不能把所有的印鉴章都抓在手里,最少公司章、财务章也要分别交给最可靠的人。财务章管的是钱,公司章管的是责任和风险。

有了这两个印章,店铺一般事务就不能绕过你,它们代表了权力。所以盖章一定要登记，年底把登记表看一下，就知道今年干了哪些事情，责任人是谁。

1.1.2.9 合理分辨支出

创业之初，需要严格把控支出。

比如，装修高档的办公室、花费高昂却不能得到立竿见影效果的营销活动，这类的支出可以暂时搁置，某些高价的软件也可以寻找代替品。

但是一个商业计划书、一次市场调查、一场目标明确效果明显的营销活动，还有一个好的税务财务顾问，这些钱可是不能省的。

1.1.3 开店应懂的法律常识

如果想创业，就一定要了解我国的基本法律环境，对于店主来说，应从以下7个方面了解与开店有关的法律知识。

1.1.3.1 了解办理登记手续

设立店铺从事经营活动，必须到工商行政管理部门办理登记手续，领取营业执照，如果从事特定行业的经营活动，还须事先取得相关主管部门的批准文件。

1.1.3.2 工商管理法规

如果将店铺注册成企业的话，还需了解《企业登记管理条例》《公司登记管理条例》等工商管理法规、规章。

1.1.3.3 地方优惠政策

政府政策可以说是行业的风向标，政府支持与否决定了你的民宿未来是否有生意、是否能盈利。

对于部分地区而言，政府还会提供民宿补贴资金等利好方案，这些都和房东的切身利益相关，所以务必要及时了解。

1.1.3.4 税务登记程序

店铺设立后，你需要进行税务登记，需要会计人员处理财务，这其中涉及税法和财务制度，你需要了解店铺要缴纳哪些税，你还需要了解哪些支出可以算进成本，开办费、固定资产怎么摊销等。

1.1.3.5 劳动合同

如需要聘用员工，这其中涉及劳动法和社会保险问题，你需要了解劳动合同、试用期、服务期、商业秘密、竞业禁止、工伤、养老金、住房公积金、医疗保险、失业保险等诸多规定。

1.1.3.6　知识产权

了解知识产权知识，保证既不能侵犯别人的知识产权，又要建立自己的知识产权保护体系，因此店主还需要了解著作权、商标、域名、商号、专利、技术秘密等各自的保护方法。

1.1.3.7　民法常识

在日常经营中还要了解《中华人民共和国民法典》（以下简称《民法典》）、《旅馆业治安管理办法》等基本法律以及行业管理法律法规。

另外，我国实行法定注册资本制，如果不是以货币资金出资，而是以实物、知识产权等无形资产或股权、债券等出资，还需要了解有关出资、资产评估等法规规定。

> 以上只是简单列举创业常用的法律，在实际的运作当中会遇到专业的法律问题，创业者还是要请专业律师来帮忙处理。

相关链接

个体工商户常识

个体工商户是指公民个人或家庭依法经核准登记，以个体财产或家庭财产为经营资本，在法定范围内从事工商业经营的一种特殊民事主体。在我国，个体工商户是作为公民的一种特殊形式存在的，其实际上享受权利、承担义务的仍然是公民（自然人），但此时的公民作为民事主体是以户的特殊形式出现的，法律地位比较特殊。个体工商户有个人经营、家庭经营与个人合伙经营三种组织形式。

1. 法律地位

在依法核准登记的范围内，个体工商户享有从事个体工商业经营的民事权利能力和民事行为能力。个体工商户的正当经营活动受法律保护，对其经营的资产和合法收益，个体工商户享有所有权。个体工商户可以在银行开设账户，向银行申请贷款，有权申请商标专用权，有权签订劳动合同及请帮工、带学徒，还享有起字号、刻印章的权利。

个体工商户从事生产经营活动必须遵守国家的法律，应照章纳税，服从工商行政管理。个体工商户从事违法经营的，必须承担民事责任和其他法律责任。

2.法律特征

（1）个体工商户的主体是个体劳动者，是个体经济的一种法律形式。

（2）个体工商户必须在法律允许的范围内从事工商经营活动。

（3）个体工商户必须依法核准登记。

（4）个体工商户作为民事主体的一种形式，享有人身权和与人身权有关的财产权。

3.法律责任

个体工商户作为从事经营的主体，违反了与工商业经营相关的法律法规的规定应该承担相应的法律责任，这种责任是由于个体经营身份而引起的，是以个体经营者为责任主体的特别责任。

在个体工商户的经营中，与之有最密切关系的法律主要有《民法通则》《城乡个体工商户管理暂行条例》《合同法》《产品质量法》《消费者权益保护法》《反不正当竞争法》《广告法》《商标法》《专利法》《著作权法》《食品卫生法》《药品管理法》《标准化法》《计量法》《环境保护法》以及《刑法》《行政处罚法》等。

1.2 开店能力判断

能力决定了民宿的寿命。管理民宿是一项综合能力，审美能力、经营能力、营销能力、沟通能力等都涵盖在内，每一项都需要创业者仔细掂量。

1.2.1 是否具备审美能力

审美能力，是民宿主需要具备的一种重要能力。

比如，有些人开的民宿，很受欢迎，主要是因为他们能打造出优秀的民宿产品，这与他们本身所具有的审美能力有关，他们知道何为"生活美学"。

对于民宿主来说，如果想要你的民宿具有不一样的特色，你需要去体验不同的民宿产品，提高自身的审美，去归纳、去思考、去整理。或者找到能打造优秀产品的团队，给予充分的信任和支持。

可以到那些优秀的民宿里去入住，到现场去真实地体验，看别人的设计风格、物品摆放、光影利用、软装搭配、色调选择，去发现那些真正好产品的细节点。

1.2.2　是否具备经营能力

作为民宿主，既不能凡事事必躬亲，又不能当个甩手掌柜，需要很灵活的经营管理能力。

比如，你的民宿有15间房，这就需要制定一系列的门店运营管理制度，包括店长管家日常工作规范、保洁打扫流程、对客接待规范、店内营销考核等。一旦出现问题和麻烦的时候，你就需要随机应变，根据市场反馈快速地去调整门店的运营管理方式。

1.2.3　是否具备营销能力

民宿主需要拥有强大的民宿营销能力，而这个能力的具体体现如图1-2所示。

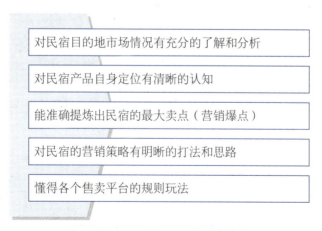

图1-2　民宿主具备营销能力的体现

1.2.4　是否具备沟通能力

民宿作为分享型住宿的一种，服务和功能性都是相对的，那么作为主导者的房东,在各个方面都需要具备极强的沟通能力。沟通能力是房东整体素质和民宿文化的极大展现,和其他方面的能力不可混为一谈。

1.2.4.1 与房客交流

作为民宿主的房东,首先要面对的沟通对象就是房客,房东作为民宿的主人,对于房客而言是一个服务方的关系,态度和服务一定是要到位的。另外在和房客的简单沟通中,既要简明扼要地告知他们民宿入住所需要注意的各项事项,也要不失热情感。

有些房东在与房客的沟通过程中,会不自觉地聊到一些私人话题,也许就会触及到房客的某个"雷点",从而降低整体的服务感,所以房东在和房客的沟通中,一定要注意分寸,热情而不失礼貌。

1.2.4.2 与员工交流

房东在和员工的相处中,最好的模式就是亲民性相处,制度化管理,约束体现在制度上,让房东和员工之间的相处尽量亲切自然,能像朋友一样沟通。因为民宿业员工和房东之间的接触时间会更长,业务渗透更广,这样的相处模式更适合平和式的管理,那么房东和民宿员工的日常沟通也可以更为平和,融洽相处,尽量让员工也感受到朋友一般的关怀。

1.2.4.3 合作交流

在民宿的运营管理过程中,房东自然免不了跟方方面面的人打交道,比如日常用品的厂商、清洁服务的合作,偶尔还有景区沟通等,那么房东逻辑分明的沟通就显得很重要了。

生意是人谈出来的,在房东和合作方的沟通过程中,房东有条理的沟通更能有效地给自家的民宿争取到最高的利益,达到双方利益的平衡点,同时也能让合作方安心,更好地进行合作。

1.3 开店资金准备

创业开店成为现在越来越多人的选择,在创业之初资金是很关键的一个问题,资金充足才能成功创业。

1.3.1 筹集资金的原则

创业者在筹集启动资金时,必须遵循一定的财务管理原则和规律。就目前而言，所筹资金的来源及其途径多种多样，筹资方式也机动灵活，从而为保障筹资的低成本、低风险提供了良好的条件。但是，由于市场竞争的激烈和筹资环境以及筹资条件的差异性，给筹资带来了诸多困难，因此创业者在筹资时必须坚持图1-3所示的原则。

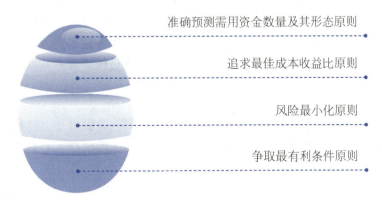

图1-3　筹集资金的原则

1.3.1.1　准确预测需用资金数量及其形态原则

店铺资金有短期资金与长期资金、流动资金与固定资金、自有资金与借入资金，以及其他更多的形态。不同形态的资金往往满足不同的创建和经营需要，筹资需要和财务目标决定着筹资数量。创业者应周密地分析创建初期的各个环节，采取科学、合理的方法准确预测资金需要数量，确定相应的资金形态。这是筹资的首要原则。

1.3.1.2　追求最佳成本收益比原则

创业者无论从何种渠道以何种方式筹集资金，都要付出一定的代价，也就是要支付与其相关的各种筹集费用，如支付股息、利息等使用费用。即使动用自有资金，也是以损失存入银行的利息为代价的。

资金成本是指为筹集和使用资金所支付的各种费用之和，也是店铺创建初期的最低收益率。只有收益率大于资金成本，筹资活动才能具体实施。资金成本与收益的比较，在若干筹资渠道和各种筹资方式条件下，应以综合平均资金成本为依据。

开店指南

创业者筹集资金必须要准确地计算、分析资金成本，这是提高筹资效率的基础。

1.3.1.3 风险最小化原则

筹资过程中的风险是创业者筹资不可避免的一个财务问题。实际上,创建和经营过程中的任何一项财务活动都客观地面临着一个风险与收益的权衡问题。

资金可以从多种渠道利用多种方式来筹集,不同来源的资金,其使用时间的长短、附加条款的限制和资金成本的大小都不相同。这就要求创业者在筹集资金时,不仅需要从数量上满足创建和经营的需要,还要考虑到各种筹资方式所带来的财务风险的大小和资金成本的高低,作出权衡,从而选择最佳筹资方式。

1.3.1.4 争取最有利条件原则

筹集资金要做到时间及时、地域合理、渠道多样、方式机动。这是由于同等数额的资金,在不同时期和环境状况下,其时间价值和风险价值大不相同。所以,创业者要把握筹资时机,以较少费用筹集到足额资金。

因此,必须研究筹资渠道及其地域,战术灵活,及时调剂,相互补充,把筹资与创建、开拓市场相结合,实现最佳经济效益。如图1-4所示。

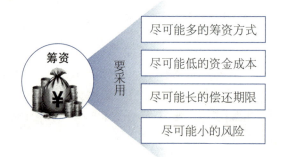

图1-4 筹资的最有利原则

1.3.2 筹集资金的途径

创业者可从以下6个渠道来筹集资金。

1.3.2.1 自有资金

自有资金就是将自己积蓄多年的钱拿出来创业。这是自己说了算的。这是创业的最源头的资金。这是店铺的真正原始投资,也可称为原始股。

1.3.2.2 向亲朋好友借

从朋友或亲戚处借钱是开办店铺最常见的做法。但是,一旦你的店铺办失败了，亲戚朋友会收不同自己的钱，而伤了感情。因此，你要向他们说明借钱给你具有一定的风险。千万不要因为自己的创业而影响到亲人好友的关系。这样是得不偿失的。

为了让亲朋好友了解你的店铺，你要给他们一份你的创业计划副本，并定期向他们报告创业的进展情况。

1.3.2.3 创业贷款

创业贷款是指具有一定生产经营能力或已经从事生产经营的个人，因创业或再创业提出资金需求申请，经银行认可有效担保后而发放的一种专项贷款。

（1）个人开店贷款的条件。个人投资开店贷款适用的范围广泛，只要符合一定贷款条件，能够提供银行认可的担保方式的个人、个体工商户、个人独资企业，都可申请投资贷款。另外，各银行还会有具体规定。申请个人开店贷款的借款人必须同时具备图1-5所示的条件。

条件一	具有完全民事行为能力，年龄在50岁以下
条件二	持有工商行政管理机关核发的工商营业执照、税务登记证及相关的行业经营许可证
条件三	从事正当的生产经营活动，项目具有发展潜力或市场竞争力，具备按期偿还贷款本息的能力
条件四	资信良好，遵纪守法，无不良信用及债务纪录，且能提供银行认可的抵押、质押或保证
条件五	在经办机构有固定住所和经营场所
条件六	银行规定的其他条件

图1-5　申请个人开店贷款的条件

（2）贷款额度。个人开店贷款金额最高不超过借款人正常生产经营活动所需流动资金、购置（安装或修理）小型设备（机具）以及特许连锁经营所需资金总额的70%。

（3）贷款期限。个人开店贷款期限一般为2年，最长不超过3年，其中生产经营性流动资金贷款期限最长为1年。

（4）贷款利率。个人创业贷款执行中国人民银行颁布的期限贷款利率，可在规定的幅度范围内上下浮动。

（5）申请创业贷款有哪些方式。申请创业贷款有表1-2所示的3种方式。

表1-2　申请创业贷款的方式

序号	方式	具体说明
1	抵押贷款	抵押贷款金额一般不超过抵押物评估价的70%，贷款最高限额为30万元。如果创业需要购置沿街商业房，可以以拟购房子作抵押，向银行申请商用房贷款，贷款金额一般不超过拟购商业用房评估价值的60%，贷款期限最长不超过10年
2	质押贷款	除了存单可以质押外，以国库券、保险公司保单等凭证也可以轻松得到个人贷款。存单质押贷款可以贷存单金额的80%；国债质押贷款可贷国债面额的90%；保险公司推出的保单质押贷款的金额不超过保险单当时现金价值的80%
3	保证贷款	如果你的配偶或父母有一份较稳定的工作，也是较好的信贷资源，当前银行对公务员、事业单位员工等收入较稳定人员有一定额度的保证贷款，在准备好各种材料的情况下，当天即能获得批准，从而较快地获取创业资金

1.3.2.4　寻找合作伙伴筹资

寻找合作伙伴筹资能够降低创业的风险，而寻找合作伙伴有一个前提便是合作伙伴要对自身的创业有促进的作用，两者的合作能够提高创业的成功率。寻找创业合作伙伴也能够减少创业的风险。

1.3.2.5　从供货商处赊购

除了以上筹资方式，创业者还可以从供货商那里赊一部分账。不过，这也不容易，因为大多数供货商只有在弄清楚你的店铺确实能够运转良好之后，才会为你提供赊账。

1.3.2.6　加盟连锁

俗话说，背靠大树好乘凉。有许多大公司为了扩大市场份额，正纷纷选择连锁经营的方式来扩充自己，为了有效而快速地扩大连锁经营的覆盖面，他们广泛吸收个体业主加盟经营。为此，他们常常会推出一系列优惠待遇给加盟者，这些优惠待遇或是免收费用，或是赠送设备等，虽然不是直接的资金扶持，但对缺乏资金的创业者来说，等于获得了一笔难得的投入。

 相关链接

成功申请创业贷款的技巧

银行在调查借款人的资质时，主要从以下五个方面来综合衡量，摸准银行的脉搏就可以对号入座，提高成功申请贷款的概率。

1. 银行对于借款人的综合评价

包括借款人与其家庭、教育、社会背景、行业关系征信及诉讼资料、评估品格（诚实信用）及其责任感。

2. 对借款人开店项目的考察

包括项目的获利能力（特别是营业利益）；主要经营者有无具备足够的经验及专业知识；对继位经营者的培植情形及行业未来的企划作业。

3. 个人征信情况

包括有无不诚实或信用欠佳记录；与银行来往是否均衡；有无以合作态度提供征信资料。

4. 资金用途

这一点是银行评估信用的核心。包括资金启用计划是否合法、合理、合情及符合政策；另外，还款来源是确保授信债权本利回收的前提要件，因此，银行还要分析借款人偿还授信的资金来源。

5. 债权保证

内部保证，指银行与借款人之间的直接关系；外部保障，指由第三者对银行承担借款人的信用责任而言，有保证书等。

1.4 开店心理准备

创业的过程是艰辛的，创业的结果却不一定是成功的。创业是一项具有风险的，需要创业者长期坚持、付出努力的活动。创业者在进行创业前，应该有良好的心理准备，不要因为后期的压力或挫折而半途而废。

1.4.1 要有积极乐观的心态

创业也许很顺利,也许是一条艰难和充满风险的道路。但不管怎样,对于一个创业者来说,首先要自信,要相信自己选择是正确的,相信自己能成功。自信是人生和事业成功的基础,如果你对自己的选择一点都没信心,不如干脆放弃。当然自信不是盲目自信,而是建立在理性分析基础上的自信。

创业具体的准备工作则是越详细越好,尽量考虑各种风险和可能情况,对自己的资源和优劣情况作全面分析,在此基础上考虑各种应对的办法,甚至还要考虑失败后的退路。但一旦决心和计划已定,就要勇敢地跨出第一步。

1.4.2 要对风险有正确的认识

做生意的出发点是为了赚钱,但却是有风险的。风险并不可怕,只要心态平和,做事有依据,未雨绸缪,就可以将风险控制在最小的范围。盲目冒险,是鲁莽的,但一个人如果什么风险都不敢冒,那也是不会有大作为的。开店之前,创业者只有在心理上正确认识风险,才能在面对风险的时候,做到有勇有谋。

1.4.3 要有吃苦的心理准备

自己创业,意味着没有休息日,意味着没有固定的休息时间,加班可能会成一种常态。自己创业,意味着没有很多时间从事家庭工作,不能抽很多时间陪伴家人。自己创业,也有可能你必须什么活都做,重的、轻的、精通的、不熟悉的,你都要能拿得起。

创业的时候,没有老板的约束了,你必须克服你身上的惰性,学会自己约束自己。当然,一旦你的工作走上正轨,你有可能反而更轻松、更自由。

1.4.4 要有承受压力和挫折的心理准备

因为是自己的事业,你会面临很多压力,经营处于低潮怎么办、客户纠纷怎么处理、员工工作不称职怎么办、工商税务怎么应对、现金流中断怎么办、遇见突发事件怎么办,这一切都会让你产生压力感和挫折感,让你痛苦,让你辗转难眠。

严重的压力感和挫折感有可能影响你的判断能力和决策能力,使你工作效率低下,甚至影响你的身体健康。同时创业还面临一定的风险,你也有可能失败,甚至辛辛苦苦筹集的资金都打了水漂,让你第一次创业遭受沉重的打击。

第 2 章
投资分析

导言

对于创业者来说，在决定开民宿之前，要对拟建项目进行全面分析和科学论证，对拟建项目有关的市场、成本、客群、风险等进行调研和分析，最好还能编制一份投资价值分析报告，为投资决策提供科学依据。

本章导视图

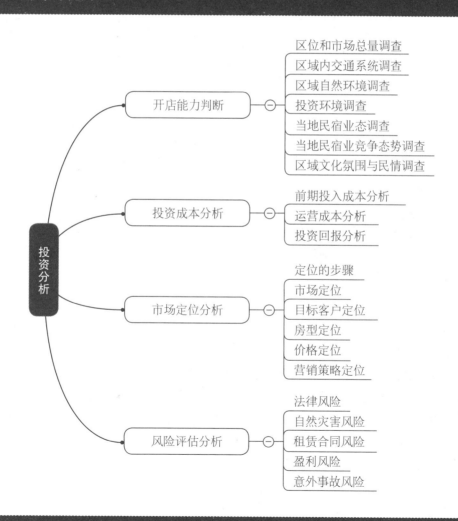

2.1 前期调研分析

民宿除了要有情怀、有故事、有服务之外，民宿所在地的客观条件是民宿能否成长的基础。因此，在民宿投资前期，要对目标市场进行调研，只有通过调研，了解民宿的行业讯息，才能在投资的时候做到心中有数。

2.1.1 区位和市场总量调查

选择区位就是选择市场，区位决定了市场总量如何、竞争情况如何、客源构成等。

比如，市场大、淡旺季不分明代表你的盈利上限高（成本另外分析），竞争压力大代表行业交替速度快（存在大量的转让和倒闭），休闲度假游发展越好代表高端民宿的土壤越好，这样的市场适合有成熟运作经验的入局者，硬件与设计都必须跟上才可能在产业升级阶段分到一杯羹。

市场总量，应该从宏观和微观两个方面去调查。宏观方面可以从经济形势及民宿行业发展趋势分析；微观方面可从所在地的民宿市场需求以及行业竞争形势入手。

投资者可从地方旅游局发布的信息中获取以下数据。

（1）区域内年客流量、客流量月份分布、淡旺季分布、客流量年增幅等情况。

（2）和往年同期相比较，流量是上升、持平还是下滑。

（3）调查客源地及客人逗留的天数。

市场情况不同决定了民宿定位的不同，是经济型民宿、中高档民宿、轻奢型民宿还是高档精品民宿，这都跟市场总量有很大的关系，需要认真的调研分析，认真分析区域的经济发展水平和旅游资源条件。

2.1.2 区域内交通系统调查

作为一个需要消费者到达消费的行业，消费者到达的便利性是尤其重要的因素。距离市场的远近决定了投资客栈民宿潜在客群的规模。随着中国各种交通网络布点的完善，特别是高铁和机场建设的推进，时间距离成为和物理距离同样重要影响消费者的参考项。

比如，对于定位为观光游或景区配套的民宿来说，公共交通可达核心景观的时长不宜超过30分钟；对于客群定位为城市近郊自驾休闲度假群体的民宿来说，距离一二线城市主城区不宜超过2小时车程，距离临近知名景点不宜超过半小时车程，而在三四线城市，对自驾时间要求则更短。

投资者可从以下6个方面入手来做好区域内交通系统的调查。
（1）从周边城市过来最多需要多少个小时的车程，中间是直达还是需要换乘。
（2）周边有没有机场。
（3）可直飞哪些城市。
（4）有没有高铁。
（5）有没有高速公路。
（6）与之配套的交通网络及交通体系是否完善。

2.1.3 区域自然环境调查

自然环境是相对社会环境而言，是指由水土、地域、气候等自然事物所形成的环境。对于民宿投资者来说，应重点做好区域内以下3个方面的环境调查。

2.1.3.1 气候环境

度假指向的民宿产品，气候是一个重要条件，而且在所有条件中，也是最稳定的一个要素，长时段内不会发生剧烈变化。常年温度的宜人，光照及降水的适度，不会出现长时段的极端天气，都是通行的前提。

比如，中国北方的大部分区域，属于季风性气候，夏天炎热，冬天寒冷，还有青藏高原地区，自然条件较为恶劣，适合营业的日期较为有限，都难以形成全国性大规模客栈集群。

> 适宜的气候可以拉长运营时间。四季分明，冬季长的区域，要考虑淡季运营的问题。

2.1.3.2 生态环境

因为民宿属于休闲旅游的范畴，消费群体大多来自于城市，一定意义上，他们是希望对日常生活的一种转换，因此，所处区域的生态环境好坏是客户进行选择的重要参考项，空气、水体干净，周遭环境无破坏，无过多违和建筑，保持一种原生态是最理想的情况。

2.1.3.3 区域景观独特性

民宿其实是游客出行的集成点，民宿的选择其实是契合了旅行度假的综合诉求。或者说，一个区域民宿的客户来源，很大一块是对于旅行度假住宿群体的配套。因此，所处区域景观的独特性就显得尤为重要，景观的独特性意味着带来的客群流量。如果所处区域有一个5A的景区，或者有一个世遗景点，那对应的流量就比普通的区域会有竞争优势。

开店指南

依山傍水的位置、古树、文化遗迹以及绝佳的观景视野都会给民宿加分。

2.1.4 投资环境调查

投资环境是指投资经营者的客观条件，影响和决定投资环境的因素有很多，民宿投资者应重点关注以下2个方面。

2.1.4.1 当地政策

当地政府的态度决定着民宿能否健康持续发展。由于每个地方的政策不同，投资者在前期就应对当地政策做好调研，了解当地政府对民宿态度，是积极支持引导还是放任不管、打压整改。

比如，当地政府有无对客栈民宿管理条例、关于办理各种证照的流程及难度。

政策风险是这个行业最不可控的一个因素，因为新，所以很多政策法规不甚明朗，不同区域的地方政府对该行业所抱持的态度也不一样。

2.1.4.2 配套设施

区域内的配套设施怎样？包括选址地方的商业氛围怎样？水电网、道路、路灯、排水系统、防灾等基础设施是否完善？周边超市、餐饮、公交、银行、娱乐设施、派出所、医院等配套的公共设施是否齐全等。

对于民宿来说，作为经营主体所需要的水、电、排污、消防等诉求都需要考虑，所在地如果基础配套不全面，就会导致整体的建设运营成本偏高。特别是在一些风景区内，排污管网设施、水电通路，都要做系统的考虑。

2.1.5 当地民宿业态调查

民宿大部分客流是区域周边的城市过来的游客，投资者应调查以下方面的事项。

（1）区域依附城市的数量有多少个；经济水平如何；是否有旅游的习惯；出行的频次如何。

（2）当地的旅游业态，是传统观光游，还是休闲度假游。

（3）民宿市场及游客的构成情况怎样。
（4）区域内吸引游客的资源条件有哪些。
（5）如果是传统观光游，景区的品质怎么样。

2.1.6　当地民宿业竞争态势调查

对当地民宿业竞争态势调查，可从以下2个方面入手。

（1）投资者可从各大OTA（Online Travel Agency，在线旅游）网站上查询区域内民宿的数量，低、中、高端档次及价格情况。

（2）找出几家可以作为参考的民宿，通过入住体验的方式，详细了解他们的特点、亮点、吸引点，从消费者的反馈中，了解他们有哪些是可以学习的、哪些是要规避的，他们全年经营情况、淡旺季的处理方法、日常的管理方法、营销方法等。

2.1.7　区域文化氛围与民情调查

民宿除了投资属性，其本身还带有文化属性，因为其驱动力来源于大家对于这种生活状态的向往，并希望以运营的民宿的形式去实现。对于消费这种住宿形态的群体，也是冲着这种生活方式前来。因此，区域文化氛围是非常重要的要素，也是一个地方能不能吸引很多有这种共同志趣的人前来投资客栈民宿并形成集群的要素。

2.2　投资成本分析

因为成本直接决定收益，所以投资者在筹建一间有盈利能力的民宿时，在前期就要做好成本分析，预估盈利情况，并做好风险评估。

2.2.1　前期投入成本分析

前期投入成本包括房租、软装、硬装、床品等。投入适当，"有多少钱，做多少事"是经营民宿的基本原则，不应该跟着潮流、过度投资、申请贷款比例过高，导致最后无法回收。不少民宿业者失败的原因都是由于过度投资，遇上客房入住率低、淡季运营困难等情况，难以回收，或是民宿定位不清，难以吸引客人。

2.2.1.1　房租

房租是成本的重要组成部分。房租既是前期投入成本，也是主要的运营成本。如果是自有房源，比如自家老宅、在运营的旧客栈、闲置房屋等，房源成本几乎为零，相应的投入一些资金办理证照即可。

如果是租赁房源（绝大多数民宿投资者采取的形式），则需要考虑房源的租金成本了。一般来说，房源的年租金不超过预期年营收的35%，运营起来压力会小很多，回本也会快一些。

如果做高端民宿，租期短就有很大的风险。有业内人士表示，投资酒店或者民宿至少1.5～3年才能回本，所以签合同最好是5年起。

 开店指南

民宿的产权纠纷是很普遍的，无论房东是个人还是企业，一定要在租赁合同当中和房东明确产权划分，避免隐患。

2.2.1.2 装修费用

装修费用包括软装费用和硬装费用，需要预留10%～15%的超支空间。

（1）软装主要包括常用的地毯、灯具、壁画、相框、书籍、真假绿植鲜花、摆件、家具等。软装得当可以直接提升民宿的吸引力。

（2）硬装就是指吊顶、墙壁、地板等。如果选择基础设施好的房源，就会在硬装上节省资金，毕竟租期到达，硬装是无法带走的，是纯投入。

 开店指南

装修的过程中要注意耐用性和实用性，比如洗手间要注意无异味，做好防水，房间做好隔音，房间内预留足够的电源插口等，床品尽量选择优质床品。

装修除满足基础的住宿条件以外，还要看是否包含其他增项服务，如餐饮、娱乐、亲子、商务、宴会、活动、养生等，如果有还需要配置相应的基础设施。

2.2.1.3 其他费用

此外，成本还包括租房押金、物业费用、中介费用、网络费用、众多日常生活用品采购费用等。小到储物盒、衣架、晾衣架、纸巾盒、吹风机、针线盒、急救箱，细致到游泳圈、水枪、沙滩足球、棋牌等，都要考虑周全。

2.2.2 运营成本分析

运营成本包括区域内的物价高低、水电网成本、易耗品费用、日常运营成本、人工成本、营销成本。

做为创业者，对于当地人工成本高低，能否招到合适的工作人员，也是需要调查的事项。要知道，民宿是一个服务行业，需要用心去经营，经营人才是决定民宿运营是否顺利的关键。

2.2.3 投资回报分析

对投资者来说，只有在预估可盈利的情况下，才可以投资。因此，做投资回报分析是十分有必要的，其步骤如图2-1所示。

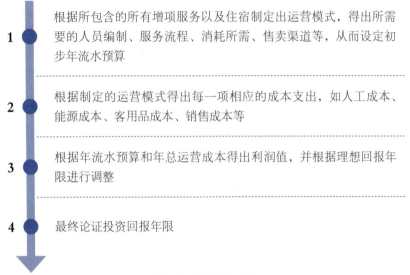

图2-1 投资回报分析

一般来说，民宿客房价格都是透明的，投资者实地调查，就可以估出民宿入住情况，从而也就能预估项目未来的盈利情况了。

2.3 市场定位分析

定位是民宿投资建设的前提。只有明确了目标市场需求，才能有针对性地创造出合适的产品，提供良好的服务。

2.3.1 定位的步骤

投资者可按图2-2所示的步骤对拟投资的民宿进行定位。

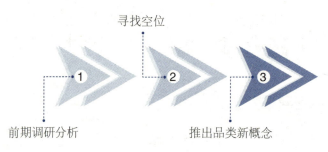

图2-2　定位的步骤

2.3.1.1　前期调研分析

调研分析选址周边区域及所在区域的民宿,确定区域内竞争对手是谁、有哪些方面做得好、核心竞争力是什么、存在哪些不足,通过分析比较,形成一个较明确的概念。

2.3.1.2　寻找空位

利用差异化思维,从用户、场景、产品档次三个角度去分析,稀缺的市场更容易成为突破口。如果一个区域普遍是比较低端的民宿,那么中高端就是空位,在目前的投资环境中,更多的资金流向了高端,动辄投资千万去建设一个民宿。实际上,档次空位也越来越少,而民宿在特定领域的技术积累,形成自己的优势的专业化形象,是未来市场用户细分及创建多元场景的方向。

2.3.1.3　推出品类新概念

在民宿这个非标准住宿类别中,推出新品类,如集装箱住宿、帐篷住宿、木屋住宿等品类。除去新品类,还可以在以前的品类中推出一种新概念。

以大理洱海边的海景房客栈为例,"海景房"就是一个新的品类概念。还有诸如轻奢、野奢、唯美、人文概念性精品客栈民宿品类概念的推出。

2.3.2　市场定位

市场定位是指为使产品在目标消费者心目中相对于竞争产品而言占据清晰、特别和理想的位置而进行的安排。对于民宿来说,市场定位的目的,就是通过市场细分,来选择适合自己条件的目标市场,制定有效的市场战略,集中优势,赢得目标市场。

2.3.2.1 地域定位

地域定位中，有大地域定位和小区域定位两种。大地域就是某一个省份、城市、县镇、乡村的定位，小区域就是在这些大地域里的某一个区域。

以大理为例，选择大理就是大地域定位；选择大理古城、洱海边、苍山下、沙溪古镇、诺邓这些区域，就是小区域定位。

乡村民宿一般位于人口稠密的大城市周边或者是风景名胜区，这些区域能够为民宿提供源源不断的客源。

2.3.2.2 档次定位

投资前，要清楚你的民宿是要做低端市场、中端市场，还是高端市场。对客户市场的细分有了清晰明确定位，才能在民宿建设、经营、营销推广过程中做到有的放矢。

2.3.2.3 环境定位

民宿对周边的自然环境依赖度非常高，选择区域及环境的不同，发展空间、市场、资源等都不相同。贴近自然、贴近乡野，有河流、湖泊、温泉、高山、森林，可以最终征服消费者的内心深层次的消费需求。

2.3.3 目标客户定位

目标客户定位是对市场的一个细分，在细分市场里找蓝海。能够精确知道我的客人是谁、这一类客人有什么特征、消费习惯是什么样子的。如主题类民宿，这类民宿目标客户是一群喜欢这种主题的人群，诸如动漫主题、茶文化、摄影主题、禅文化主题民宿。他们的目标客户很精确，沉淀后会形成自己的圈层客户。

2.3.3.1 描摹客户画像

描摹客户画像是对客户标签化及整体化的一个系统性概括，客户画像可以从如图2-3所示的方面概括。

比如，由一些具有历史文化的老建筑改建修缮而成的客栈民宿，那么它的客户目标简单画像如下。

（1）年龄：35岁以上，接受教育程度较高，有一定消费能力的人。

（2）性别：男性客户可能居多。

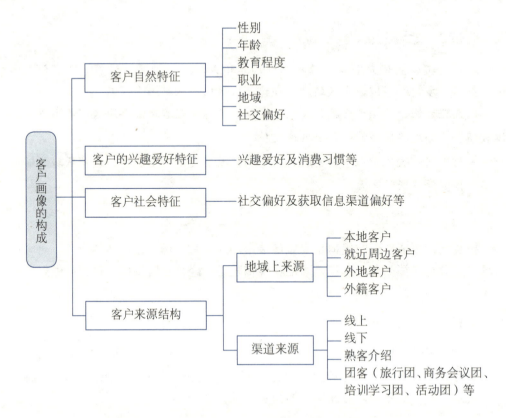

图2-3 客户画像的构成

（3）行为爱好：对历史文化及当地人文层面的东西比较爱好。

（4）入住时间：2～3天左右。

只有定位好目标客户群后，才能更好地对民宿的房型、价格、营销策略、渠道等进行定位梳理。知道了我的客户是谁、有什么行为爱好，才能够更好地为这一类人进行有针对性的服务。

2.3.3.2 目标客户群细分

民宿的客户可以粗略分为假期旅游度假人群和周末休闲人群两大类。

比如，以大理、丽江为代表的旅游目的地客户一般是旅游度假休闲人群，而诸如莫干山、杭州的民宿市场，客人一般是来自长三角地区的周末休闲人群。

在旅游度假人群中，又可以细分好多类，如图2-4所示。

不同于酒店，商务会议人群在客栈民宿中的占比很小，不过这是一个细分人群市场，未来，商务会议选择地将会倾向民宿聚集地，一边度假旅游一边开会。

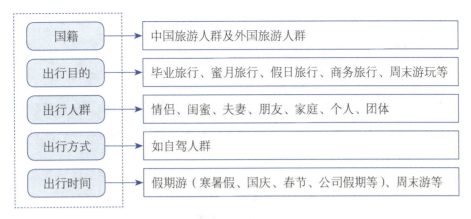

图2-4 假期旅游度假人群细分

2.3.3.3 精准目标客户群细分

客栈民宿是个性化很强的住宿形态,并且带有强烈的主人化色彩,在设计、经营上有浓烈的主人特征。如民宿主人是一位60后,那么在他的店中,会有很强的属于这一年代的印记。如果主人是一个文物迷,那么在设计中,他会把收藏的文物放在店内,喜欢他店的也是同样喜欢文物的这一群人。

人以群分,物以类聚,主人的存在也是对客群的一个筛选细分。但在这种情况下,并不是每一个客人都会接受认同喜欢其所表现出来的形态及状态,如果二者相互不匹配,客人不认同客栈民宿,客栈民宿不认同客人,就会造成误解,喜欢的人特别喜欢,不喜欢的人特别不喜欢,可能由此造成两极分化。这就需要投资者做好如图2-5所示的需求匹配。

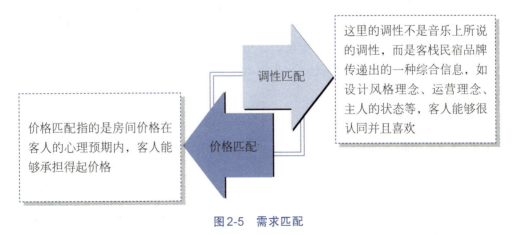

图2-5 需求匹配

比如,某连锁品牌客栈,定位泛蜜月,描摹的客群兴趣爱好特征是一群对浪漫有追求的人，如新婚夫妇、热恋情侣等。在泛旅游人群中通过梳理筛选，细分出这样一个小众人群。

2.3.3.4 人群细分后的关联性需求延伸

对目标客户群精准细分后，有利于客栈民宿后期挖掘客户的更多价值。以目标客户为核心，围绕目标客户的特征及行为爱好、消费习惯、消费需求，展开多元化场景需求刺激及满足。

还以上面某连锁品牌客栈为例，在确定目标客户后，从而在后续策划举行小众婚礼等活动，由单一的住宿拓展为婚礼举办地，把举行婚礼和度蜜月相互结合。茶文化主题客栈，就可以对用户需求进行多维度拓展，如茶会、茶文化培训、采茶制茶体验等。

2.3.4 房型定位

明确了客户目标群后，设置什么样的房型及各类房型比例就比较清楚了。如总房间数多少；大床、标间、家庭房比例多少；哪类房型为主。

民宿房型一般包括大床、圆床（适合情侣、夫妻等）、标间（适合朋友、团客）、家庭房（适合家庭人群出行）、亲子房（父母带小孩人群）、套房（适合两个家庭）。如果以接待团客为主，那么房型设置以标间为主；如果主打亲子型，就以亲子房型为主。

2.3.5 价格定位

在确定了目标客户后，对其经济基础进行一定分析，及对客户的心理预期做出评判，在此基础上，对价格进行定位，做出一个价格系统。

比如，某民宿的客户目标是以学生群体为主，那么价格区间在100～200元。

2.3.6 营销策略定位

针对目标客户群的特征，在以后运营中展开相应的营销策略。

2.3.6.1 用户在哪

用户在哪营销就去哪，这是对流量的一个判断。如用户集中在蚂蜂窝这一类UGC旅游攻略网站，那么就去蚂蜂窝做内容营销；如果客户行为爱好喜欢动漫，那么就去类似哔哩哔哩的视频网站。

2.3.6.2 用户喜欢什么

了解和熟悉用户群特征，选择和用户特征相对应的营销策略。

2.4 风险评估分析

民宿属于一种投资行为，在经营过程中可能存在着各种风险，最后涉及投资回报率、盈利状况。投资者在投资前要进行各种风险辨识、分析、评估，争取把风险降到最低。

2.4.1 法律风险

民宿经营者主要是房屋的所有权人、承租人，他们对房屋进行改造及维护，主要通过线上的方式将房屋短暂租赁给客户，取得租金收益。在此过程中，可能会存在以下的法律风险。

2.4.1.1 经营主体不合法的法律风险

就目前民宿行业来看，经营民宿的主体一般是个人、公司或者房产中介。这些主体在经营期间，有很多都没有取得住宿行业的经营许可证，并且在实际操作中，民宿由于其规模等方面的限制，也无法取得许可证，也就是说大部分民宿都长期处于无证经营的状态。对于这种情况，一旦经营者与客户发生纠纷，往往很难维护自己的合法权益。

2.4.1.2 不正当竞争的法律风险

由于民宿无法达到持证经营的标准，不能正常办理相应的证书，也未按照住宿业的税收政策缴纳税费，因此民宿的价格远低于同层次酒店，而极具性价比的价格使民宿享有充分的市场。这种情形对传统酒店来说构成不正当竞争，导致了住宿业传统酒店业对于民宿行业的抵制。并且，民宿经营的逃税行为损害了公众利益，税务缴纳问题影响民宿身份的合法化，不利于整个住宿业的健康发展。

2.4.1.3 消防、治安的法律风险

民宿存在各类安全隐患，包括治安、卫生和消防等问题。其中消防问题最为突出，由于大部分的民宿经营者法律意识淡薄，未意识到民宿是需要相关政府部门审批的，更别说办理消防审批手续。

部分民宿是历史悠久的老房子，主打"特色""复古"风格，缺乏完备的消防

设施。在消防设备以及安全通道都不完善的情况下，火灾就成了巨大的隐患。

同时，民宿的入住手续普遍以便捷为特色，大部分情况下对入住者的信息审核不严格，加大了人口管理的难度，也增加了安全隐患。

2.4.1.4 侵犯相邻权的法律风险

《物权法》第八十四条规定："不动产的相邻权利人应当按照有利生产、方便生活、团结互助、公平合理的原则，正确处理相邻关系。"可见，相邻关系是需要妥善处置的，但有些民宿是开设在居民区或者小区，且客户也是不断变化的，每个人都有自己的生活习惯，其中就很有可能产生相邻权的纠纷，影响周边邻居的正常生活，侵犯邻居权益，且不断变化的客户也给周边居民带来安全隐患。

2.4.2 自然灾害风险

民宿大多依托于秀丽风景而建。旅游景区之所以吸引游客纷至沓来，皆因其迥异于城市的山光水色，因其经历特殊地壳运动、地质构造改变，甚至产生了特殊岩石类型。我们除了感叹大自然的鬼斧神工，也必须意识到，这也导致了这些地区本身地质地貌的复杂和脆弱。也就是说，我们的客栈，遭受自然灾害的可能性是更大的，而抵御自然灾害的能力却是更低的。

那么，一旦你和你的客栈遭遇自然灾害，除了遭受直接的经济损失之外，你还有可能要承担相应的法律责任。

根据《消费者权益保障法》第十八条规定，经营者应当保证其提供的商品或者服务符合保障人身、财产安全的要求。宾馆、商场、餐馆、银行、机场、车站、港口、影剧院等经营场所的经营者，应当对消费者尽到安全保障义务。

《中华人民共和国侵权责任法》第三十七条则规定，宾馆等公共场所的管理人或者群众性活动的组织者，未尽到安全保障义务，造成他人损害的，应当承担侵权责任。因第三人的行为造成他人损害的，由第三人承担侵权责任；管理人或者组织者未尽到安全保障义务的，承担相应的补充责任。

根据现有案例，住客在酒店之中发生了意外伤亡事故，只要能够提供交易凭证，基本上法院都会判决酒店方承担部分责任。

因此，为了规避风险，在客栈中，应准备一些应急装备，一般来讲常用的有急救药箱、手电筒、万能钥匙、担架、照相机、录音笔等。一方面，一旦发生人身伤害事故，我们可以处理一些简单的受伤事件；另一方面，记录现场情况和住客第一真实陈述，今后一旦出现对簿公堂的情况，掌握对自身有利的证据。

当然，进行相关保险的购买，转嫁一部分的风险，在事故发生之后也能减少财产损失。

2.4.3 租赁合同风险

如果是租赁他人的房子来开民宿,双方需要签订租赁协议。但在签订租赁协议的时候要注意以下风险。

2.4.3.1 出租人的主体资格

房屋是不动产,房屋出租人必须具有房屋的所有权或者使用权,如果是所有权人,应依法取得房地产权证;是使用权人,应有合法的租赁凭证及允许转租的书面证明。另外,如果是数人共有的房屋,还须经过共有人书面同意。

2.4.3.2 房屋的用途

签立租赁合同时必须确认房屋租赁的用途,否则将会影响营业执照的办理。

2.4.3.3 租赁期限

根据《民法典》第七百零五条规定:"租赁期限不得超过二十年。超过二十年的,超过部分无效。租赁期限届满,当事人可以续订租赁合同,但是,约定的租赁期限自续订之日起不得超过二十年。"

2.4.3.4 装修补偿

租赁双方应在租赁合同中明确出租房屋是否可能装修。双方应约定,在租赁期结束或因其他原因解除租赁合同后,对装修成果如何进行处理。在对装修处理方式未作约定的情况下,若出租方违约,致使租赁合同解除,出租方应赔偿承租方装修损失;若承租方违约,出租方应对承租方适当补偿。

2.4.3.5 转租房屋

在店铺经营状况不佳时,可能会涉及将店铺转租的问题。出租人是否允许承租人转租,应在租赁合同中明确规定。若承租人未经出租人同意转租的,出租人可以解除合同。

2.4.3.6 租赁合同登记

在租赁合同成立后,合同当事人应将租赁合同送至当地房管部门登记备案。没有进行登记备案的租赁合同亦是有效合同,但不具有对抗第三人的法律效力。

2.4.4 盈利风险

由于竞争激烈、经营管理不善等因素引起的收支不平衡、盈利空间窄、投资回报速度慢，从而带来在盈利上的风险。

2.4.5　意外事故风险

意外事故是指民宿在营运过程中，员工或客人的人身和财产在客观上造成了损害结果，但不是出于民宿的故意，而是由于客人或第三人的故意或过失或是由于不可抗力的原因所引起的所有事件。

比如客人或员工的意外受伤；意外断电、漏水、煤气泄漏引起的设备事故等。

第 3 章
模式选择

导言

　　一般常见的经营投资方式主要有个体独自经营、邀亲朋好友合伙、投靠加盟体系。如果自己拥有一套成熟的经营管理体系及经验，那么完全可以考虑独立开店。若无经验，选择合适的加盟体系，从中学习管理技巧，也不失为降低经营风险的好方法。而若有经验但资金不足，可选择有投资意向的人合伙经营。

本章导视图

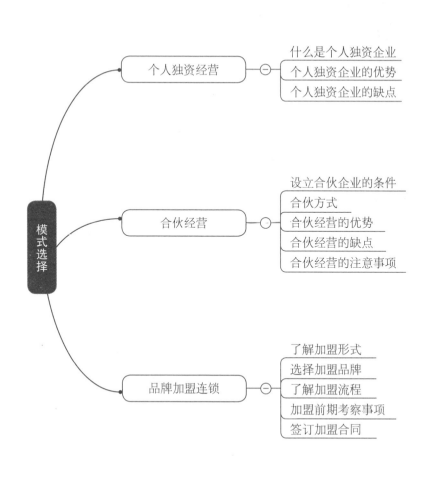

3.1 个人独资经营

现在很多人会选择注册一个个人独资企业，目前比较常见的个人独资企业组织形式有：××工作室、××事务所、××经营部等。

3.1.1 什么是个人独资企业

个人独资企业简称独资企业，是指依照《中华人民共和国个人独资企业法》在中国境内设立，由一个自然人投资，财产为投资人个人所有，投资人以其个人财产对企业债务承担无限责任的经营实体。

设立个人独资企业应当具备下列条件。

（1）投资人为一个自然人。
（2）有合法的企业名称。
（3）有投资人申报的出资。
（4）有固定的生产经营场所和必要的生产经营条件。
（5）有必要的从业人员。

个人独资企业应当依法招用职工，职工的合法权益受法律保护。

3.1.2 个人独资企业的优势

个人独资企业具有图3-1所示的优势。

优势一	企业资产所有权、控制权、经营权、收益权高度统一
优势二	企业业主自负盈亏和对企业的债务负无限责任成为了强硬的约束，企业经营好坏同业主个人的经济利益乃至身家性命紧密相连，因而，业主会尽心竭力地把企业经营好
优势三	企业的外部法律法规等对企业的经营管理、决策、进入与退出、设立与破产的制约较小

图3-1 个人独资企业的优势

3.1.3 个人独资企业的缺点

个人独资企业的缺点如图3-2所示。

难以筹集大量资金 —— 因为一个人的资金终归有限，以个人名义借贷款难度也较大，因此，独资企业限制了企业的扩展和大规模经营

 投资者风险巨大 —— 企业业主对企业负无限责任，在硬化了企业预算约束的同时，也带来了业主承担风险过大的问题，从而限制了业主向风险较大的部门或领域进行投资的活动，这对新兴产业的形成和发展极为不利

 企业连续性差 —— 企业所有权和经营权高度统一的产权结构，虽然使企业拥有充分的自主权，但这也意味着企业是自然人的企业，业主的病、死，他个人及家属知识和能力的缺乏，都可能导致企业破产

 潜在风险 —— 企业内部的基本关系是雇佣劳动关系，劳资双方利益目标的差异，构成企业内部组织效率的潜在危险

图 3-2　个人独资企业的缺点

 相关链接

个人独资企业与个体工商户的异同点

1. 相同点

（1）个人独资企业和个体工商户民事责任的承担都是无限清偿责任。个人经营的，以个人全部财产承担；家庭经营的，以家庭全部财产承担。

（2）都是一个自然人名义投资成立的，该自然人是完全民事责任能力人。

（3）每年1～6月，登录全国企业信用信息公示系统进行上一年度的年报公示。

（4）法律并无最低注册资本的要求，由投资人自行申报投资数额。

（5）个体工商户或个人独资企业的经营所得只缴个人所得税，不用缴纳企业所得税。

2. 不同点

（1）关于人数限制。个体工商户的从业人数包括经营者本人、请帮手和带学徒等的雇工人员不得超过8人；个人独资企业没有从业人数限制。

（2）关于门面和字号名称。从事临时经营、季节性经营、流动经营和没有固定门面的摆摊经营，不得登记为个人独资企业，但可以登记为个体工商户。

（3）关于分支机构。个人独资企业可以设立分支机构，但个体工商户不行。

（4）关于变更。个人独资企业可以变更投资人姓名，而个体工商户只有在家庭经营的组成形式下才能变更经营者姓名，而且必须是家庭成员。

（5）关于经营者。个体工商户的投资者与经营者必须为同一人，而个人独资企业的投资人可以委托或聘用他人管理企业事务。

（6）关于财务制度。个人独资企业必须建立财务制度，以进行会计核算（需要会计）；而个体工商户可以按照税务机关的要求建立账簿，如果税务部门不作要求，也可以不进行会计核算（不需要会计）。

3.2 合伙经营

合伙经营，也称合伙制企业，是指自然人、法人和其他组织依照《中华人民共和国合伙企业法》在中国境内设立的普通合伙企业和有限合伙企业。

3.2.1 设立合伙企业的条件

设立合伙企业，应当具备下列条件。
（1）有二个以上合伙人。合伙人为自然人的，应当具有完全民事行为能力。
（2）有书面合伙协议。
（3）有合伙人认缴或者实际缴付的出资。
（4）有合伙企业的名称和生产经营场所。
（5）法律、行政法规规定的其他条件。

3.2.2 合伙方式

（1）合伙人可以用货币、实物、知识产权、土地使用权或者其他财产权利出资，也可以用劳务出资。

合伙人以实物、知识产权、土地使用权或者其他财产权利出资，需要评估作价的，可以由全体合伙人协商确定，也可以由全体合伙人委托法定评估机构评估。

合伙人以劳务出资的，其评估办法由全体合伙人协商确定，并在合伙协议中载明。

（2）合伙人应当按照合伙协议约定的出资方式、数额和缴付期限，履行出资义务。以非货币财产出资的，依照法律、行政法规的规定，需要办理财产权转移手续的，应当依法办理。

3.2.3　合伙经营的优势

合伙企业在资本扩张方面较个人独资企业更有优势。个人独资企业仅有一个投资人，尽管存在整个家庭财产成为个人独资企业资本来源的情形，但该类企业资本规模相对较小、抗风险能力较弱。为扩张资本，单个投资人可通过联合方式，采用合伙企业组织经营，从而解决短期资本积累问题。

尽管现代社会中公司是最普遍采用的企业组织形式，其在迅速筹集资本方面显现出较强的能力，但合伙制度仍在现代企业制度中占有一席之地，其优势在于以下方面。

第一，尽管合伙人普遍承担无限连带责任，较公司股东的有限责任承担更多投资风险，但按照"风险与收益挂钩"的基本原理，此种设计保障了债权人利益，从而使合伙企业可以更为容易地获得交易对手的信任，获得较多商业机会并减少交易成本。因此，只要合伙人谨慎控制风险，合伙也是一种可选择的企业形态。

第二，通常合伙人人数较少，并具有特定人身信任关系，有利于合伙经营决策与合伙事务执行。合伙人共同决策合伙经营事项，共同执行合伙事务，其也可以委托其中一个或者数个合伙人经营。这种合伙人之间的信任关系及合伙企业经营决策方式，迥然不同于公司（特别是股份公司）股东之间的资本联系及公司所有权与经营权分离的现状，为投资者有效控制企业及相关风险提供了较优选择。

3.2.4　合伙经营的缺点

由于合伙企业的无限连带责任，对合伙人不是十分了解的人一般不敢入伙；就算以有限责任人的身份入伙，由于有限责任人不能参与事务管理，这就产生有限责任人对无限责任人的担心，怕他不全心全意的干，而无限责任人在分红时，觉得所有经营都是自己在做，有限责任人就凭一点资本投入就坐收盈利，又会感到委屈。因此，合伙企业是很难做大做强的。

虽说连带责任在理论上来讲有利于保护债权人，但在现实生活中操作起来往往不然。如果一个合伙人有能力还清整个企业的债务，而其他合伙人连还清自己那份的能力都没有时，按连带责任来讲，这个有能力的合伙人应该还清企业所欠所有债务。但是，他如果这样做了，再去找其他合伙人要回自己垫付的债款就麻烦了，因此，他不会这样独立承担所有债款的，还有可能连自己的那一份都等大家一起还。

3.2.5 合伙经营的注意事项

民宿合伙经营应注意以下事项。

3.2.5.1 谨慎选择合伙人

选择合伙人标准如图3-3所示，这四个条件缺一不可。

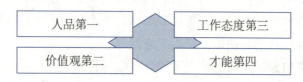

图3-3 选择合伙人的标准

3.2.5.2 时刻掌握主动权

在没有看好合伙人之前，最好不要轻易合伙。即使合伙了，必须要在全部企业经营中控制主动权，如人事、财务、客户资料、上游供给商的关系等核心资源。如果出现问题时才有能力去处置，防止互相扯皮的现象，最大限度地减少经营的损失。

3.2.5.3 签订具有法律效力的合作协议及商业保密协议

合作期间签订合同，可以有效防止个人私心的膨胀而导致分裂。如果有商业核心秘密，也要签订竞业保密协议，即使是再好的朋友，也要先小人后君子。

3.2.5.4 对待能人的方式

有些人的能力特别好，但不一定适合当合伙人。可以采用高薪+分红方式来留人，而非用股份的合伙方式。

3.2.5.5 建立良好的沟通方式

在合作过程中最为忌讳的是互相猜忌，打小算盘，这样的合作肯定不会长久。出现问题要本着真诚、互信、公心态度来解决，有什么事情放到桌面上来讨论，就事论事，大家如果都是出于公心，分歧是很容易得到解决的。

3.2.5.6 处理冲突时做好最坏的打算

合伙人出现分歧,做好最坏的打算,心中有底,处理问题时就会心平气和、理性地去面对,让事情得到圆满解决。在不违反原则的前提下,要本着不伤和气、好聚好散地去处理事情,合作不成还可以继续做朋友。

3.2.5.7 尽量避免双方亲戚在店里上班

在店里最好不要雇用双方的亲戚,会造成一些公私不分、闲言碎语、家事与公事感情纠缠的麻烦,会动摇合伙人之间的合作基础。

 **相关链接**

合伙企业与有限责任公司的比较

两者最大的区别如下。

(1)对注册资金的限制:合伙没有法定的最低投资额,而公司却有注册资本要求。

(2)公司受到的监管力度比合伙大,如抽逃注册资本将可能面临刑事处罚。

(3)有限公司是人资两合,各方的合作不仅是基于人的合作,而且也是基于资金的合作。而合伙企业却是最明显的人合,是相互信任的人之间的合作。

具体如下表所示。

合伙企业与有限责任公司的比较

项目	合伙企业	有限责任公司
承担责任形式	(1)普通合伙企业由普通合伙人组成,合伙人对合伙企业债务承担无限连带责任。特殊的普通合伙:一个合伙人或者数个合伙人在执业活动中因故意或者重大过失造成合伙企业债务的,应当承担无限责任或者无限连带责任,其他合伙人以其在合伙企业中的财产份额为限承担责任 (2)有限合伙企业由普通合伙人和有限合伙人组成,普通合伙人对合伙企业债务承担无限连带责任,有限合伙人以其认缴的出资额为限对合伙企业债务承担责任。公司是企业法人,有独立的法人财产,享有法人财产权,公司以其全部财产对公司的债务承担责任	有限责任公司的股东以其认缴的出资额为限对公司承担责任

续表

项目	合伙企业	有限责任公司
合伙人数（股东人数）	合伙企业应由2个以上的合伙人出资设立，其中有限合伙企业应由2人以上50人以下的合伙人出资设立	有限责任公司由50人以下的股东出资设立
出资方式要求	合伙企业可以用货币出资，也可以用实物、知识产权、土地使用权或其他财产使用权利出资，也可以用劳务出资，但是有限合伙企业中的有限合伙人则不能以劳务出资	有限责任公司可以用货币、实物、知识产权、土地使用权等可以用货币估价并可以依法转让的非货币财产作价出资；此外，首次设立时，有限责任公司全体股东发起人的货币出资金额不得低于注册资金的30%；有限责任公司不得以劳务出资
注册资金的要求	合伙企业注册资金没有要求	有限责任公司注册资金的最低限额为人民币3万元，其中一人有限责任公司注册资金的最低限额为人民币10万元
企业税收缴纳要求	合伙企业企业所得无需缴纳企业所得税，而是由合伙人就个人从合伙企业获取的利润分配缴纳个人所得税	有限责任公司需要就企业所得缴纳企业所得税，股东还需要就个人从公司获取的利润分配缴纳个人所得税
利润分配	原则上，利润分配方式按照合伙协议的约定分配，没有约定或者约定不明的按照合伙人实缴出资比例分配；无法确定出资比例的，合伙人平均分配	原则上，利润分配方式按股东实缴的出资比例分配，但是约定不以实缴出资比例分配的除外
财产份额出质	合伙人以其在合伙企业中的财产份额出质的，须经其他合伙人一致同意 有限合伙人可以将其在有限合伙企业中的财产份额出质，但是合伙协议另有约定的除外	公司向其他企业投资或者为他人提供担保，依照公司章程的规定，由董事会或者股东会、股东大会决议
企业行为依据	合伙企业行为主要受《合伙企业法》与《合伙协议》的约束	有限责任公司行为主要受《公司法》与《公司章程》的约束

3.3 品牌加盟连锁

加盟连锁品牌是许多创业者的选择,这是由于加盟某品牌,加盟商可以享用项目总部的加盟支持,可以有权享受总部的项目形象、商标权。

3.3.1 了解加盟形式

目前连锁经营包括直营连锁、特许经营两种形式,具体如图3-4所示。

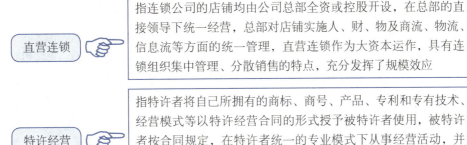

图3-4 加盟连锁的两种形式

3.3.2 选择加盟品牌

当下,市场上的加盟品牌数不胜数,要想选择一个好的加盟品牌也是需要有很多技巧的,需要综合自身的资金、能力、经验及其加盟品牌的市场行情等多方面来分析。

3.3.2.1 看品牌影响力

一个好的品牌由品牌知名度和品牌美誉度构成。

(1)品牌知名度。根据《营销三维论》中的"强势品牌论",品牌知名度包括品牌辨识和品牌回忆的呈现。具有品牌识别能力的消费者,在获得某种提示后,便能正确地指出先前是否曾经看过或听过该品牌。品牌回忆指的是当消费者想到某种产品时,不经任何提示,便有能力回想起某特定品牌。

(2)品牌美誉度。品牌美誉度是社会和消费者对这个品牌的评价,常常是消费者决定购买的重要动力。比如有人想吃汉堡,他们的优先选择可能是麦当劳和肯德基。

品牌的知名度越高，品牌能够带来的客流和销售就越高，加盟者拓展市场时才更省心省力。

> **开店指南**
>
> 投资者在加盟时，一定要摸清品牌情况，选择一家有着较高知名度和美誉度的品牌，在一定程度上才能实现"背靠大树好乘凉"。

3.3.2.2　看企业文化

企业文化是企业信奉并附诸于实践的价值理念，是在生产经营实践中逐步形成的，为全体员工所认同并遵守的、带有本组织特点的使命、愿景、宗旨、精神、价值观和经营理念。从本质上说，它包括企业职工的价值观念、道德规范、思想意识和工作态度等；从外在表现上说，它包括企业的各种视觉传播体系、文化教育、技术培训、娱乐联谊活动等。培育良好的企业文化，可以做到决策精明、信息灵敏、团结融洽、配合默契、效率快捷、勇于进取，可以在企业成员中造成强大的凝聚力和创业的动力。

加盟者在选择品牌时，要从图3-5所示的两方面来考虑品牌和企业文化。

好的品牌，往往会有一些独特的品牌文化，作为企业的灵魂，给予企业发展的不竭动力

该品牌的文化是否与你匹配，如果其品牌文化是内敛的、严谨的，就不太适合那些开放、活泼的加盟者，因为理念上的冲突，自然会影响到后续的合作

图3-5　选择加盟品牌要考虑的企业文化

3.3.2.3　看运营体系

有许多连锁加盟总部的负责人并不具备经营管理的专业知识，只是因为开了一两家生意很好的店，遇到许多人想要加盟开分店，于是就草率地成立一个加盟总部。

连锁加盟的总部需要具备的专业知识相当多，包括市场的开发与管理、商圈的经营、行销与广告宣传活动、人员的招募与管理、财务的规划与运作等，这些都是协助加盟店妥善地长期经营店面的必要知识。说起加盟，投资者关心的无疑是投资回报，部分连锁企业大力宣扬其高额投资回报，有的甚至在宣传资料上标明投资回收期仅为一个月，都是不负责任的宣传活动。

好品牌通常会对加盟商作出一份全面的评价，给出一个客观、有效的投资回收期以及投资利润率。根据行业惯例，大多数连锁加盟行业 1～2 年的投资回收期应该是合理的。

3.3.2.4 看培训支持

总部给予加盟商的培训支持，是连锁加盟正常运转的核心要素之一。培训可以促进加盟商与总部之间的相互了解，提高加盟店成功的机率。对于投资新手来说，如何进行人员招聘、如何进行店面的日常管理、如何打开销售局面提高营业额等，都是迫切需要学习的内容。只有真正好的品牌，才拥有一套完善和有效的培训体系，为加盟商扫清障碍。

了解一个品牌的培训能力，可以看它是否拥有自己的培训部门、有哪些培训课程、培训人员的实践经验和专业素养、培训期的长短，以及是否到店培训等，同时还可以通过了解已经加盟者的受训情况来判断总部培训的有效性。

3.3.2.5 看广告投入

根据《营销三维论》培训课程中的"有效传播论"，广告是现代商战中必不可少的手段，也是先声夺人的有力武器。广告是信息传播的使者，是企业的介绍信，是产品的敲门砖。它在有效地传递商品信息和服务信息的同时，为企业树立良好的形象，刺激消费者的购买欲望，引导消费者进行消费活动。

广告的投入及实施，也是加盟总部综合实力的一个体现。有实力的总部，为了进一步开拓市场，进一步配合加盟店的推广，往往会在中央电视台、各地卫视、各大门户网站以及各种重要的平面媒体上进行强势投入，同时在各个地区精耕细作，根据各个地区市场状况采用多种媒体组合方式进行宣传。而总部投入的大量广告，加盟商都是直接的受益者。

3.3.2.6 看网点分布

好品牌会合理地控制连锁布点的密度。密度过高就会导致自相残杀；而密度过低，就会导致顾客不便，令竞争对手趁机进入。

3.3.2.7 看经营能力

卖什么要像什么，所以加盟店要能够针对主力商品的消费模式来设计，但是商品是有生命周期的，所以加盟店的装潢与格调也要随同作调整。外在环境是一直在改变的，如果加盟总部不具备商品开发的应变能力，当现有的商品组合走到衰退期，不能满足消费者求新求变的需求时，加盟店的生存能力就会产生问题。

有些加盟总部并没有长久经营的想法，只想在市场上面捞一票就跑，或者自己就对本行业的前景没有信心，因此虽然现有的连锁加盟体系还在持续扩展，不过又转投其他的行业或是发展其他的品牌。而负责任的总部会珍惜连锁加盟系统建立的不易，遇到经营瓶颈时会设法找出加盟店与总部的因应之道，领导着加盟商一起渡过难关，开创新局面。

投资者在选择加盟品牌时，应该多了解加盟品牌对于事业发展的未来规划是否注重在本业上，以及其所投入的重点是否与本业相关。如果发现加盟品牌的真正兴趣并不是在本业上，那么是否值得加入就要很慎重地考虑了。

开店指南

> 投资者应谨记，"品牌的实力与支持，永远是优先位的"，只有选对品牌，加盟成功才具基础。

3.3.3 了解加盟流程

加盟招商一般都有一定的流程，当然，不同的连锁品牌，其加盟的流程也不一样。对于加盟店经营者来说，流程的前期阶段非常重要，包括电话咨询、索取资料、加盟洽谈、协议讨论等。在这些过程中，加盟者除了清楚自己的所处地位、权利和义务，确定是否有巨大商机外，还必须明确图3-6所示的事项。

- 是否有政策优势
- 服务项目怎样，是否有新、特、齐、高等品质特色
- 技术力量是否雄厚
- 是否有投资、供货优势
- 成本效益怎样，是否有效地降低了投资风险
- 品牌优势怎样，在业内是否有极高商誉和影响力
- 经营管理是否科学
- 关于品牌、服务、竞争力、风险等有何承诺

图3-6　加盟连锁应明确的事项

3.3.4 加盟前期考察事项

如何选择一家优良的加盟商,是投资者成功的关键,投资者必须把握好这一关。作为投资者,在加盟连锁店前,要做好考察事项,具体如表3-1所示。

表3-1 加盟前期考察事项

序号	事项类别	具体内容
1	特许经营资质	向连锁经营的总公司索要并审查其备案资料,以防上当受骗
2	评估品牌知名度	选择知名度高、品牌形象好的连锁经营公司,这是创业成功的必要条件
3	考察其发展历史	一般来说,应选择较长历史的连锁经营公司,因为公司发展越成熟,承担的风险就越会降低,不过这也不是一个绝对的参照标准
4	已运营直营店、加盟店	在选择良好的连锁经营的公司时,应充分了解其直营店和加盟店的经营状况是否良好、有无稳定营业利润、利润前景及是否具有后续性等
5	经营管理组织结构体系	优良的连锁经营公司应有组织合理、职能清晰、科学高效的经营管理体系,使各连锁店能高效运转,如是否具有健全的财务管理系统、完善的人力资源管理体系、整体营运管理与督导体系等
6	提供开业全面支持	一般来说,连锁经营公司提供的开业全面支持应包括以下内容:地区市场商圈选择;人员配备与招募;开业前培训;开业准备
7	加盟契约、手册	加盟者可从"加盟契约、手册"资料中了解连锁经营公司的公平性、合理性、合法性、费用承受性、地域性限制、时效性、可操作性等方面的内容,看是否选择加盟
8	加盟店成功率	一个成熟的加盟系统需要经验的长期积累和管理系统的不断完善,在正常经营的情况下,关店的情况并不多
9	加盟费用是否合理	考察加盟费用是否合理,最重要的是要看投资回报率,可以参照其他加盟店的回报率,如果觉得此系统加盟店的回报率达到自己的要求,那么加盟费用就基本是合理的

3.3.5 签订加盟合同

加盟者在签订加盟合约之前,一定要深入了解合约内容,以确保自身权益。不要以为加盟合约都是总部制式的范本不可修改,其实合约应是通过双方彼此协议之后做成的。换句话说,加盟者不仅要看清内容,更有权利要求修改内容。

特许经营合同应当包括图3-7所示的主要内容。

01	特许人、被特许人的基本情况
02	特许经营的内容、期限
03	特许经营费用的种类、金额及其支付方式
04	经营指导、技术支持以及业务培训等服务的具体内容和提供方式
05	产品或者服务的质量、标准要求和保证措施
06	产品或者服务的促销与广告宣传
07	特许经营中的消费者权益保护和赔偿责任的承担
08	特许经营合同的变更、解除和终止
09	违约责任
10	争议的解决方式
11	特许人与被特许人约定的其他事项

图3-7 特许经营合同应包含的内容

开店指南

特许人和被特许人应当在特许经营合同中约定，被特许人在特许经营合同订立后一定期限内，可以单方解除合同。特许经营合同约定的特许经营期限应当不少于3年，但是，被特许人同意的除外。

相关链接

签订加盟合同应注意的事项

对于投资者来说，在签订加盟合同时，应注意以下事项。

1.关于服务项目

合同中要详细说明特许者将对加盟店提供哪些服务项目，这些服务包括开业前的初始服务和开业后的后续服务。

（1）初始服务。主要有选址、加盟店装修、培训、开店设备的购置、融资等。

（2）后续服务。包括总部对加盟店活动实施有效，以帮助保持标准化和企业利润；总部继续进行操作方法的改进及革新并向加盟店传授；总部进行市场调查研究并向加盟店传送市场信息；总部开展集中统一的促销与广告活动；总部向加盟店提供集中采购的优惠货源；总部专家向加盟店提供的管理咨询服务等。

合同中详列这些服务项目，是对加盟店利益的一种法律保护。

2. 关于加盟费用

一般而言，不同的特许人其特许权使用费的计算比例通常都不一样，计算比例所采用的基数（以销售收入的一定比例，还是以销售利润的一定比例计算）也不统一。在签约前被特许人应认真研究特许经营费的计算方法，避免因误解引起日后的纠纷。特别要注意特许经营的项目中有无隐藏不可预见的费用。

同时，必须清楚了解以下事项。

（1）加盟金到底包含那些项目。

（2）是否包括商标使用费。

（3）多少自备款可开始营业。

（4）是否须缴纳定期的权利金或管理费，如何计算、如何给付。

（5）特许者是否提供技师和管理团队，各是多少名。

（6）是否须缴纳培训费，怎么计算。

（7）是否必须加入合作广告计划，其费用如何分摊。特许者提供那些产品或促销服务。

3. 关于合同期限

（1）期限长短是否明确。

（2）期限是否和租期吻合。

（3）期满后可否续约。

（4）续约有无条件，若有，条件为何，是否详细列明。

4. 关于授权范围

授权范围包括授权区域、期间、权限等。权限可分为独占、排他、普通三个层次，权限递减。另外，如果被特许人为地区总加盟商，则需明确相关市场的开发权及缔约权、监管权及收益分配方式。

特许合同涉及的知识产权如商标、专利及著作权等的使用权限亦应在合同中明确。

5.关于经营指导、培训等辅助项目

至少应包括开业前指导、营业指导、培训等。签约时,应对特许人的上述辅助义务做出明示,比如具体指导事项、培训内容及时间、相关费用的负担、营业指导的经常性(频率)等。

(1)特许者是否要求加盟者参加训练课程。

(2)有无继续教育及协助。

(3)是否持续提供加盟单位员工训练。

(4)是否要付费用、费用多少、如何计算。

6.关于采购、供货

(1)是否采购所有的物资都必须向特许者购买,其价格及条件是否合理。

(2)是否要求加盟者只能向特许者购买所需的物资,或只能向特许者指定的厂商购买,如有,其价格及条件是否合理。

被特许人应就品类、质量、价格等做约定,特别注意被特许人应具有采购权而非负担采购义务。就特殊商品,应取得独占特许销售权。

7.关于广告宣传与促销

特许人广告投放的力度和质量、被特许人发布广告的权限都应予以特别关注。

至于促销权,也应争取,因为这是自主经营权的重要内容,可在市场开发阶段发挥较大作用。促销权应明确促销力度、特许人配合义务、促销方式等。

(1)广告是地区性或全国性,其费用支付方法。

(2)如地区性促销是加盟者自理,特许者是否提供过去经验,是否协助规划的实施。

(3)特许者是否提供各种推广促销的材料、室内展示海报及文宣品等,有无另外收费。

(4)加盟者是否可自行策划区域的促销,如何取得特许者的同意。

8.关于加盟店的转让

加盟者可能会由于种种客观原因而无法继续经营加盟店,这就涉及加盟店转让或出售的问题,加盟店是否能转让、如何转让、转让给何种人等都必须列入合同中,以免将来发生纠纷。

也有些合同明确表明,假如加盟者要转让出售自己的门店,总部将有购买的优先权,或者有权选择转让的对象。在这种情况下,一定要注意说明加盟店

的转让价应以市场价为准。

（1）加盟者是否可转卖门店资产。

（2）加盟者是否可在门店资产转卖时，同时转让加盟合同，或特许者有义务与承买者签订新合同。

（3）特许者是否有权核准或拒绝转卖，其权利是否合理。

（4）是否须付给特许者部分转让费。

9.关于加盟者生病或死忙

（1）合同是否直接由继承人承接。

（2）合同是否由遗产管理人承接。

（3）合同者如长期失能，是否必须转让。

10.关于商圈保护

（1）合同有无授予独占区域。

（2）独占区域是否在营业额达到某种标准后随即终止。

11.关于门店选址

（1）特许者是否协助选择地点。

（2）谁对地点的选择作最后决定。

（3）装修蓝图是否由特许者提供。

（4）有无定期重新装潢及翻新的要求。

（5）如须申请更改建筑使用执照，谁负责提出申请及负担期间费用。

（6）租约条款是否有约束。

12.关于财务协助

（1）特许者是否提供财务协助或协助寻找贷款。

（2）如果提供财务协助或贷款，其条件是否合理。

（3）特许者是否提供缓期付款的优惠。

（4）有无抵押。

13.关于营业范围的限制

（1）合同是否对所贩卖物品的项目有所限制。

（2）限制是否合理，如贩卖其他物品，有无须特许者同意的申请程序。

14.关于竞业禁止

（1）是否限制加盟者在约满或转让后，不得从事同类型的商业行为。

（2）如有，其期限及区域是否合理。

15.关于会计作业要求

（1）特许者是否提供簿记及会计服务。

（2）如有，是否额外收费，其收费是否合理。

16.关于客户限制

（1）有无限制客户对象。

（2）如超越授权的地区，有无惩罚条款。

17.关于通知条款

（1）若违约，特许者是否有义务以书面通知加盟者，是否有延期、更正的余地。

（2）其期间有多长，是否足够。

18.关于特许者的优先承购权

（1）合同中有无明示何种情况下特许者可承购。

（2）其承购价格由谁评估，商誉及净值是否列入考虑。

（3）加盟者求售时是否有义务先向特许者求售。

19.关于加盟者亲自经营的要求

（1）合同是否要求加盟者每日亲自经营。

（2）合同是否禁止加盟者维持其他职业。

20.关于债权债务

（1）明确对外权利义务及经营风险划分。

（2）被特许人与特许人虽然是分别独立的法人实体，但是由于特许经营活动的特殊性，之间往往存在各种债权债务关系，特别是由于供货等关系，往往会导致特许人占压被特许人资金的现象发生。这是被特许人应特别考虑的一个经济问题。

21.关于店铺

涉及店铺的设计、装潢、更新及费用负担等环节。

22.关于更新

特许人掌握了新的技术、服务项目、特殊产品，以及新的商业模式等，应主动与被特许人共享。

23.关于越权

为了防止特许人在商业特许经营活动中超越其应有的权限而"滥用市场支

配地位",应该注意以下事项。

(1)防止特许经营合同出现个别条款强化特许人的优势地位,如:没有正当理由的被特许人数量限制;供货数量的强制要求;没有正当理由的降价促销的限制;签约后变更特许经营合同的内容;合同到期后,超越合理范围的限制竞争义务等。这些不合理条款会使特许人获得不当得利。

(2)防止特许经营合同整体上使特许人处于优势地位,如:对所经营商品的限制及对经营方式的限制;对销售额的特别规定;是否有权解约以及违约金的数额;合同期限等条款。

(3)关于销售价格,由于特许人和被特许人经营的产品面向相同的消费群,实施相同的营销战略,因此特许人可以根据具体经营情况向被特许人提出建议销售价格。但是,如果特许人对被特许人有不合理的价格限制条件的时候,就可能会出现限制销售价格等不公平竞争现象的发生。

24.关于终止合同及后果

合同一旦确立,就不能随意撕毁或中途终止。但是,也有加盟双方不遵守合同的事件发生。合同中应明确规定,任何一方违反协议到什么程度,另一方有权终止合同。当然,也应写明违反协议的一方是否有机会弥补其过失,以避免合同终止的后果。

一般来说,合同终止后,加盟者不能再使用总部所有的贸易商标、名称、各种标志和其他权利,在一定时期内也不得从事相类似的经营业务。

除了以上内容外,合同一般还包括地域的限制、营业时间的规定、营业秘密的遵守等内容。不同的行业、不同的企业,其合同内容都不尽相同。

(1)特许者是否有义务购买加盟者的生产器具、门店租约及其资产,价格如何确定。

(2)处理费用如何归属。

(3)处理期间多少,是否足够。

25.关于违约金

特别是特许合同解除的违约金,应当关注。

在签约前,应该了解清楚以下内容。

(1)在何种情况下可以解约,具体手续如何办理。

(2)如果被特许人提出中途解约,是否需要支付解约金或赔偿金。

(3）如果需要支付的话，如何计算。

(4）如果被特许人因经营不善而提出解约，是否仍需支付解约金等问题。

26. 关于违约条款

(1）何种状况视为违约。

(2）违约项目是否属加盟者能力范围所能控制的。

(3）其订立项目与核实标准是否合理。

27. 关于违约后果

(1）违约时，特许者采取何种方式处理。

(2）特许者是否可以直接取消该连锁加盟契约。

(3）有无违约金条款，金额多少、如何计算。

28. 关于仲裁

加盟双方难免会发生一些冲突，解决冲突的方式用仲裁比较合适。仲裁实际是由双方选择的仲裁人进行的私下诉讼，它的优点在于整个程序是在私下进行的。为了节省时间和费用，双方可以事先在合同中设定仲裁的规则，至于仲裁的时间可以根据当时发生冲突的情况而定。

在这里，选择什么样的人做仲裁人十分重要，如果仲裁人选择不当，做出的决定不公平或不客观，会使双方或其中一方不满意，最后反而会扩大矛盾，以致双方走向法院。

29. 诉讼管辖地

(1）特许者指定的诉讼管辖地是否为其总部所在地。

(2）是否考虑改为对加盟者较为有利的加盟店所在地。

第4章
选址装修

导言

可以这样说，选址与装修是民宿的灵魂之一，只有使民宿把完美的一面展现出来，这样才可以把更多的过路人吸引入进你的民宿。

本章导视图

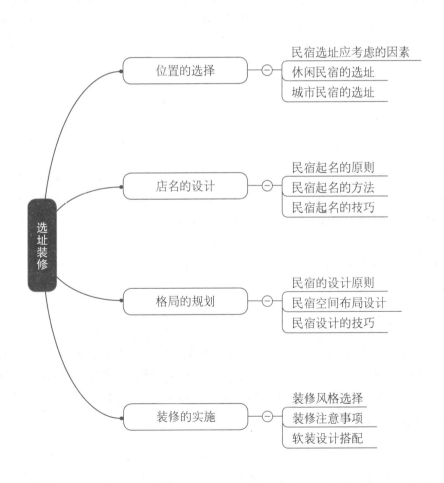

4.1 位置的选择

决定民宿成功的因素有很多，建设和运营都是完全依靠后天的控制，而选址是先天性极强的因素，基本上选址一经确定，市场方向就大致确立。可以说，好的选址是成功的一半。选址不理想，后期其他方面做得再成熟也会事倍功半。

4.1.1 民宿选址应考虑的因素

投资者在对民宿选址时，应考虑图4-1所示的10个因素。

图4-1　民宿选址应考虑的因素

4.1.1.1　气候

对于度假指向的民宿产品，气候是一个重要条件，而且在所有条件中，也是最稳定的一个要素，长时段内不会发生剧烈变化。常年温度的宜人，光照及降水的适度，不会出现长时段的极端天气，都是通行的前提。

比如，中国北方的大部分区域，属于季风性气候，夏天炎热，冬天寒冷；又如青藏高原地区，自然条件较为恶劣，适合营业的日期较为有限，都难以形成全国性大规模客栈集群。

4.1.1.2　交通通达性

作为一个需要消费者到达消费的行业，消费者到达的便利性是尤其重要的因素。距离市场的远近决定了投资客栈民宿潜在客群的规模。随着中国各种交通网络布点的完善，特别是高铁和机场建设的推进，时间距离成为和物理距离同样重要影响消费者的参考项。

4.1.1.3　生态环境

因为民宿属于休闲旅游的范畴，消费群体大多来自于城市，一定意义上，他们是希望对日常生活的一种转换，因此所处区域的生态环境好坏是消费者进行选择的重要参考项，空气、水体干净，周遭环境无破坏，无过多违和建筑，保持一种原生态是最理想的情况。

> **开店指南**
>
> 说到生态，首先是卫生问题，无论是优雅独特的城市民宿，还是安逸舒适的乡村民宿，或景色宜人的景区民宿，环境卫生都是重中之重。

4.1.1.4　区域景观独特性

民宿其实是游客出行的集成点，民宿的选择其实是契合了旅行度假的综合诉求。或者说，一个区域民宿的客户来源，很大一块是对于旅行度假住宿群体的配套。因此，所处区域景观的独特性就显得尤为重要，景观的独特性意味着带来的客群流量。如果所处区域有一个5A的景区，或者有一个世遗景点，那对应的流量就比普通的区域有竞争优势。

4.1.1.5　区域基础配套条件

民宿体量较小，在布局上具备灵活性，可以在其他建筑功能区伴生，也可以作为独立的个体进行运营，但无论是混居还是独立运营，作为经营主体所需要的水、电、排污、消防等诉求都需要考虑。所在地如果基础配套不全面，就会导致整体的建设运营成本偏高。特别是在一些风景区内，排污管网设施、水电通路，都要做系统的考虑。

4.1.1.6　获取物业及建设成本

除非是自有物业，只要是租赁或购买的物业，物业成本都会成为做民宿的一个重要支出，且是最大的一项固定成本支出。作为一个投资项目，因此需要做提前考察。

4.1.1.7　运营及管理成本

民宿建成后，是否易于运营、适合的工作人员是否容易招聘、当地人工成本的高低、物价的高低、日常变动成本的考量也是非常重要的条件。

4.1.1.8　区域政策风险

区域政策风险是做民宿最不可控的一个因素，因为新，所以很多政策法规不甚明朗，不同区域的地方政府对该行业所抱持的态度也不一样。运营所需证件办理的难易程度、遇到一些政策性的利好或利空，都有可能对投资项目造成颠覆性的影响。

4.1.1.9 区域客流稳定性（季节性）

民宿这种住宿形态，规模小、运营灵活，但同样存在规模不经济的状况。特别是对于一些高端民宿，配套人员较多，季节性的客流变动会对收益造成较大的干扰。一个区域是否能形成客栈民宿的集群，稳定的客流是一个重要的前提。

4.1.1.10 区域文化氛围及民情

民宿除了投资属性，其本身还带有文化属性，因为其驱动力来源于大家对于这种生活状态的向往，并希望以运营的民宿形式去实现。对于消费这种住宿形态的群体，也是冲着这种生活方式前来，因此区域文化氛围是非常重要的要素。

4.1.2 休闲民宿的选址

休闲是指在非劳动及非工作时间内以各种"玩"的方式求得身心的调节与放松，达到生命保健、体能恢复、身心愉悦的目的的一种业余生活。对于主打休闲特色的民宿而言，在选址上应注意图4-2所示的4点。

图4-2 休闲民宿的选址要求

4.1.2.1 三小时交通原则

开民宿，既是为情怀，也是为赚钱。既然是为赚钱，那么找到有消费能力和消费意愿的顾客就尤其重要。只有找到这些客人所在的位置，才能确定民宿位置——即将这些主要客群作为圆心，半径1～3小时交通可达的地方。

为什么是1～3小时呢？因为民宿的位置近了远了都不好，低于1小时新鲜感会不足，而高于3小时顾客会没有耐心。要知道，开车超过3小时就是疲劳驾驶，许多自驾客只要了解到目的地需要长时间开车往往就会退缩了。

当然，3小时只是时间限制，可达的交通方式可以是多样的，除了主流的自驾外，现在高铁也越来越受到游客的推崇。

4.1.2.2　可达性强、周边设施齐全

对于休闲民宿来说，可能一些位置的公共交通不是那么方便，但是自驾的可到达性一定要好。

如果你的民宿选在山上，但是没有路能直接上去，这时候就需要考虑加大成本修路上去，而成本会影响民宿日后的定价、运营等一系列因素，所以必须要慎重。

对于配套设施而言，如果你的民宿较小，那么周边是否有玩乐、放松的地方就非常重要。如果民宿的面积较大，那么可自行配置多种娱乐项目。

4.1.2.3　优美独特的周边环境

一般选择休闲民宿的游客多数为在城市工作的白领，结束了一周的工作后，很多白领会选择到山上、郊区放空玩上几天，亲近自然，体验休闲放松的生活。因此，民宿周边的风景也是选址的一大考虑因素。

一个好的民宿一定具有独特的风景，国内民宿的发端就是在各个风景名胜区。比如桂林阳朔、云南丽江等有专属景点的地方。

比如，民宿大乐之野莫干山店坐落于碧坞村。调研选址之初，很多村民给创始人推荐了村口标识性很强的地方，但从一开始，大乐之野就决定一定要找环境清幽、不那么容易找到的地方。就像桃花源一样，曲径通幽，周围的小环境独特优美。之所以选择碧坞村，因为它在路的尽头，从城墙进来后，会感觉小环境与众不同。来到莫干山，感觉环境和上海不一样，来到碧坞村，感觉和莫干山又不太一样。

4.1.2.4　基础配套很重要

民宿选址中，还有一个重要事项就是基础配套。一般的民宿都在相对偏僻的地方，这就意味着埋在地下的各种水电管线、排污、消防等都离市政配套比较远。

投资者一定要在前期了解清楚这些基础设施是否有市政配套，不然埋在地下的钱可能会超过房子改造的费用。这种时候，自然景观、交通位置、选址成本等就要综合考虑取舍了。

4.1.3　城市民宿的选址

与景区民宿的受众不同，城市里的民宿其目标顾客大致分为两类。第一类是以

旅游为主的旅客，即单纯以旅游或者休闲度假为目标的客人。他们选择某个城市为旅行的目的地，探究当地的文化，感受当地的风土人情。在对住宿的要求上，力求本土本地，因而选择民宿，作为体验当地人生活的一种方式。第二类是以目的为导向的顾客。他们来到这个城市，或为看病求学，或为商旅出差。选择民宿，旨在追求生活本身的便捷性，短居异乡，柴米油盐，恰好民宿可以满足需求。

因此，投资城市民宿，在选址时需注意图4-3所示的7点。

图4-3　城市民宿的选址要点

4.1.3.1　交通便利

对于以旅游为目的的顾客，民宿往往是顾客到达该城市的起点，或者说是落脚点。因此，城市民宿的选址首先需要考虑的便是交通的状况。从机场、火车站或者汽车站到民宿是否有直达的公交；如果选择出租车，大概的车费是不是在顾客可以承受的范围之内。从住处出行，到各处可以选择的交通工具都有哪些。

对于在当地参加旅行社一日游的客人，所在的小区是否在旅行社免费接送的范围之内。这些因素，都是在选址时需要估量的关键点。

对于以目的为导向的顾客而言，不论看病、求学，还是商旅出差，就近是最好的选择。若是考虑辐射的范围，两到三站以内的公交或是地铁直达，是客人能承受的最佳范围。

4.1.3.2　周边设施

周边是否有饭店、银行、超市、医院、商场、停车场等便利设施是城市民宿选址的第二大要素。

试想一下如果你是客人，去住一家民宿，想吃饭要跑很远，想买点东西周边没超市，你是什么感觉，走后肯定一个差评。

4.1.3.3　停车便利

现在的游客出行选择自驾的人很多，民宿所在的小区能否停车是个很关键的因素，很多小区有停车场，但是不让外来车辆进出，所以选址的时候，这一点一定要打听清楚。

小区如果不能停车，也没关系，那就要看看附近500m以内是否有收费的停车场，停车场不能离小区太远，否则客人带行李大包小包走到民宿会很累，还没住进来就对这地方没好感了。

如果房东有时间开车去接送客人，停车场离小区距离可以远些。

4.1.3.4 小区环境

小区环境包括小区的新旧程度、安全性、小区的公共环境以及小区周边环境。一般来说，新小区优于老式小区，新小区往往配有电梯，房间内水电网络等基础设施完备，不论是民宿经营者对房屋进行装修改造，还是客人的入住体验，均优于老式小区。

此外，小区是否配有保安、小区的安保措施是否齐备、小区公共区域的绿化程度、小区是否有供居民健身和供儿童娱乐的设施等，这些都是分析小区优劣的综合因素。

小区周边环境也可以成为民宿的加分项。有超市，有饭店，生活便捷，亦为民宿选址锦上添花的亮点。

> **开店指南**
>
> 新修的未彻底完工的小区千万别做民宿，否则今天楼上装修，明天楼下装修，后天隔壁装修，还有小区其他未完成的项目施工，又是噪声，又是各种刺鼻的涂料和油漆味，谁都不愿意住这样的民宿。

4.1.3.5 物业与邻居

物业主要看两方面，即管理是否到位、是否严格。如果小区物业三天两头停水停电，那这民宿一定是做不成的。也有一些物业不让小区内从事一切经营活动，对于陌生的来客进小区门都要严格审查的，也要慎选。

即使物业过关，房子周边的邻里关系也是非常必要的考核因素。做民宿就算你再约束客人，还是免不了跟邻居有"摩擦"。如果邻居是个尖酸刻薄的人，最好绕行，同时也一定要搞好邻里关系。

一些小区规模较小，邻里间关系密切，具有"熟人社会"的特征，邻居对陌生人的反应更为明显，限制了城市民宿的长久发展。所以，投资者在选址时最好选择底层住房，避免万一客人"动静大"造成扰民被投诉关门。

4.1.3.6　成本估算

成本包括房租、运营成本以及管理成本。

首先，投资者需要根据周边同类产品的市场售价，来考量房租是否在可以承担的范围之内。同时，亦要考虑同小区同类竞争者的数量，竞争者的数量越多，水涨船高，房租随后上涨的可能性便越大。而房租的稳定性往往决定着经营者之后是否可以在此长期经营，也同时影响着随后的扩建。

其次，我们再来看看运营和管理成本，因为城市里民宿大多选择普通的居民住宅，所以不论是保洁，还是接待，同一小区多套房子的运营管理，必然优于散落在不同小区的物业。因此，投资者在选址时，应考虑同小区可出租房的数量，越是成熟稳定的小区，大量拿房的可能性便越小，而想实现规模经营的可能性便也会随之降低。

> **开店指南**
>
> 做城市民宿要看是商业性质还是住宅性质的楼，一般商住楼的水电费都高于住宅楼，特别是在南方，房间空调四季常开，电费也是一笔不小的开支，因此也需要考虑水电费的成本。

4.1.3.7　政策

政策是房东最大的痛，也是开民宿最大的风险。对于城市民宿来说，大部分的城市还没有出台相关的政策，在这时候开民宿可以说是游走于法律边缘，弄得不好被投诉就让你关门。

政策影响现在虽不能100%避免，但是房东可以最大限度地弱化，最重要的，就是二房东在选址签约前，一定要和房子原本的房东沟通清楚，租房的目的，双方达成一致，可以免去后期很多不必要的麻烦。

4.2　店名的设计

俗话说，名不正则言不顺，言不顺则事不成。起名不是小事，尤其是民宿客栈起名，并不仅是一个简简单单的名字，它传递着宿主的品位和情怀追求，更是一种品牌战略。

4.2.1 民宿起名的原则

民宿起名应该遵循合法可用、易读易记、线性关联、可延伸性四项基本原则。

4.2.1.1 合法可用

合法可用原则是最基本的,也是最容易被忽视的。再好的名字,如果不能注册,得不到法律保护,就不是真正属于自己的品牌。

有些创业者在创业之初取了一个很好的名字就开始用,经过几年的运作和投入后,市场做起来了,知名度也打开了,却发现民宿名字早就被别人注册或者被抢注了,真是欲哭无泪。

如果你的民宿想走品牌化道路,如果你想连锁经营,或者是开业后生意爆棚要做分店,那就必须对民宿的名字进行注册。

想好了名字,先去"国家工商行政管理总局商标局"网站查询,看是否被注册,没注册赶紧注册,现在的民宿越来越多,好名字越来越少,有可能很多的民宿名字都已经被注册了。建议在命名的时候,最好多取几个名字,防止查询时遇到重名。

4.2.1.2 易读易记

民宿起名应该要遵循简洁、容易读写、易于理解的原则,尽量不要用一词多义、多音的字以及生僻字,简洁、明快、容易记忆的民宿客栈利于传播,节约成本。

比如裸心谷、四季星空、栖居、过云山居、帐篷客、零碳星球等品牌都非常易读易记。

4.2.1.3 线性关联

起名不能是天马行空乱造,应该和所在的行业、产品属性,或者企业文化、理念有一定的关联性,消费者看到名字就大致知道是什么类型的产品,要表达什么文化、理念等,不然还需要进行二次解释就会非常麻烦和造成不必要的浪费。

一个好的民宿客栈名字应能够传递主题、定位、环境、气质、场景、卖点等。

比如,过云山居、岛居白沙等民宿,消费者很容易就从名称上获取到了该民宿要传达的环境信息。

4.2.1.4 可延伸性

民宿在起名时,应该对民宿的未来有一个大概的战略规划,名字要在大战略的框架下进行创意,为未来的发展预留接口。

4.2.2 民宿起名的方法

民宿命名一般以"整体及局部地域+民宿核心名字"来命名，具体如下。
（1）后缀：包括居、舍、筑、苑、园、楼、阁、庭、院、堂、坊、馆、墅、宫等。
（2）形容词及特征：包括精品、观山、望海、临水等。
（3）类型：包括酒店、客栈、民宿、旅馆、青年旅社等。

比如，杭州西湖三舍精品民宿、鼓浪屿临海听风旅馆、大理九叫客栈、同里久栖·杨二车马店、成都门徒酒店、夜奔北京客栈等。

4.2.3 民宿起名的技巧

民宿的起名，体现了民宿的风格，也能反映出民宿主的品位。民宿主在给民宿起名时，应掌握图4-4所示的技巧。

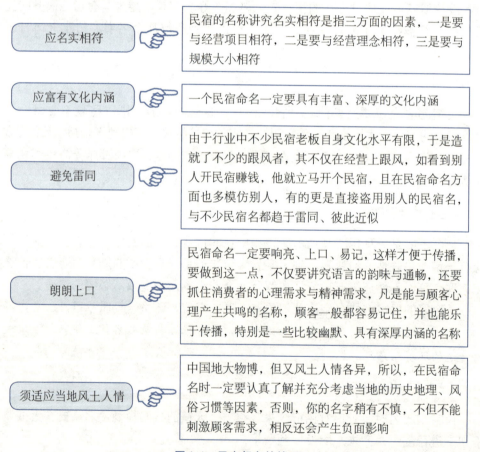

图4-4 民宿起名的技巧

4.3 格局的规划

民宿设计不只是简单的住宅设计,而是根据原来住宅的特点,设计出一种便于住宿的生活形式。这是一种生活方式的系统设计,这种生活形态的建构包括建筑的设计、环境的规划和生活氛围的营造。

4.3.1 民宿的设计原则

在民宿的规划设计中,可遵循图4-5所示的原则。

图4-5 民宿的设计原则

4.3.1.1 本土

旅客在挑选民宿时,更多的是关注当地的景观与文化特色,而民宿是该地区文化的展示窗口,是最适合表现当地特色与风情的地方,也是最吸引旅客的地方。

民宿设计,必须充分挖掘和突出当地文化元素,让游客体验与自己所在地文化的不同。如果民宿不断地吸引回头客,说明你的民宿设计满足了游客探索当地文化、生活方式的好奇心,这样的设计才是成功的。

4.3.1.2 业态

民宿因其独特的设计理念和建筑风格,注定了其面对的是小众市场。因此,在对民宿设计之前,必须找到要服务的客群,选择合适的客群,有针对性地进行设计和营建。民宿的房间数不宜过多,一般为15间以下,有的民宿客房只有5间,有的面积在150m^{2}以下。说明民宿不必追求规模与奢华,精致、有特色、小而美才是民宿的基本业态。

> **开店指南**
>
> 通过投入合适的成本与设计,让效果最大化,营造出一个极具特色且舒适的住宿空间,给客人留下美好印象。

4.3.1.3 自然

做民宿不能只把"房间"做出来,还要把当地人的生活做进去,把当地的文化特色做出来。

在将老民居、民宅改造成民宿的过程中,需遵循质朴、自然的设计原则。除必要的安全和服务设施外,力求对原来的建筑、室内、生活环境的最小破坏,不能因为在哪个地方看到别人的民宿做得好看,就把这些老建筑拆了去仿造。

4.3.1.4 文化

一座民居住宅,里面满屋都是民俗文化。当地人的宗教信仰、家训家教、价值取向等当地风俗的文化符号,集中体现在民居的室内外。旅客之所以选择民宿,要的就是这份体验。

所以,做民宿不能脱离当地民俗文化,不能只重视外表,而是要把民宿内在的东西做出来,把当地的风俗习惯融入进去,把民宿的灵魂做出来,这样的民宿才有生命力。

4.3.1.5 生活

民宿设计时,要研究当地人的民俗风情、宗教信仰、生产劳动,尽量把当地人的生活融入民宿设计中,把当地人的生活情趣呈现出来,保持当地人生活习俗的原形和原貌,让游客真真实实体验当地人的生活传统。

4.3.1.6 融入

民宿设计要融入当地环境,融入当地的建筑风貌,融入周边的环境。无论是建筑、设施还是业态,要尽可能就地取材,尽可能保护原建筑的特点,尽可能保护原生态环境,营造人与自然的和谐统一,让民宿再现当地的生活风貌。

同时,在民宿里,再设计一些体验项目,比如找当地的说书人、艺人来民宿表演,让旅客感受地道的本土文化,体验当地人的真实生活,让旅行更丰富多彩。

4.3.1.7 差异

在营建民宿时,虽然追求融入当地,但如果真的和当地民居差不多,未必就能吸引游客。所以，民宿改造在融入地方特色时，要有所提炼，有所创新，将民宿整体艺术化、差异化，如此才能吸引游客。

4.3.1.8　环保

民宿选址通常会选择人文或自然环境价值比较高的地方，这样才能吸引游客，这充分说明环境的价值。因此，在民宿营建过程中，要合理开发和利用当地的自然资源，并对这些资源采取充分的保护措施，以免生态环境遭到破坏，好让受到保护的环境在民宿投入营业之后，成为吸引游客的亮点，为你带来滚滚财富。

4.3.1.9　回归

每家民宿都会选择一个有特色的地方。或许靠近雪山，观白雪皑皑的圣洁；或许住在高原，感受环境带来的独特体验；或许选择山间旷野，追求与自然的相融；或许选择乡村，品味轻松惬意的慢生活。总之，这些民宿都是游客在寻找一种对自然回归的绝佳去处。这就是民宿，一个规划不大，隐秘与自然之中的居所，演绎一种追求回归自然的态度。

4.3.1.10　个性

民宿设计在整体空间构成和装饰设计中，一方面，把当地传统文化元素挖掘利用最大化；另一方面，通过设计，提炼更具个性化的现代元素，充分体现民宿独有的特色，创造民宿本身的艺术魅力与价值，使民宿设计具有独特的创意。有个性、有亮点、有风格的民宿，才能吸引小众客群。

4.3.1.11　舒适

民宿是旅客的住宿场所，只有让旅客住得舒服，你的民宿才会有好的口碑，才能维持旅客持续的热度。所以，民宿空间的舒适感很重要，设计师应当提炼当地乡村的民俗风情作为设计元素，结合主题、特色，营造更为舒适的环境氛围。

4.3.1.12　出新

民宿设计应处理好传统和现代的关系，让传统和现代并存，是传统文化的现代解读，是传统资源挖掘的现代产品，也使传统产品通过现代市场得到保护和传承。

4.3.2　民宿空间布局设计

想要打造出民宿的特色，合理的设计是必不可少的。空间不单要美观还要能够让人感到舒服，身心才能够在环境的氛围中得到放松。

4.3.2.1 院子的布局

院子一般是民宿的灵魂所在，一个没有院子的民宿，对旅客不具有太强的吸引力。院子不论大小，最好要有生机，这样的院子会让人心情愉悦。

4.3.2.2 大厅

大厅是民宿中的多功能区域，具有吃饭、聊天、休闲等多种功能。合理的民宿装修设计，一般不把客房与大厅设计在同一层，不然客房中的人不能很好地休息。

4.3.2.3 客房

民宿的客房设计往往注重温馨感，大床房的比例比较高，标间一般只有一间，往往还会有一间家庭房。家庭房因为可以满足一家三口的居住需求，价格一般也比较高。因为民宿一般都在环境比较优美的地方，所以客房的设计中，能配落地窗的房间最好都做成落地窗，房间视野在房价上也有重要的影响。

4.3.2.4 员工间

很多人会觉得不需要布置员工间，但实际上是错误的，员工的宿舍是非常重要的。如果没有员工间，在外面另外租房去住，那晚间客人有需求的时候，就很难被照顾到，给客人带来的不安全感是极大的。

4.3.2.5 布草间

很多民宿的布草间跟杂物间是合在一起的，其实这样恰恰是错误的。布草间是一个相对独立的、需要干燥的空间，那如果没有专门的布草间，随意堆放的布草和杂物合二为一的话，会就带来很多的卫生上面的问题。

4.3.2.6 公共休闲区域

相对很多民宿来说，是比较注重这一点的。还有一些民宿，比如城市民宿，会不考虑公共休闲区域的布局跟设计。其实有一个公共休闲区域，舒适感和温馨感是完全不一样的。投资者最好还是尽可能地去设计一个公共休闲区域给客人使用。

4.3.2.7 杂物间

杂物间的布局可以小而精致，但是一定要有，不然的话，民宿里面的物料，是你意想不到的多和繁杂，如果没有一个杂物间来做收纳的话，整个民宿会显得很乱。

4.3.2.8 公共晾晒区

有很多民宿没有公共的晾晒区，即使是再漂亮的阳台，但是晾上五颜六色的衣服,也会大大降低民宿的美感。所以,在民宿的设计中,要将晾晒区考虑进来。

4.3.3 民宿设计的技巧

4.3.3.1 让设计自然生长在民宿里

有人曾说:"村落的建筑和格局中最有价值的部分,是从真实生活中产出来的东西,是自然生长出来的,而不是设计出来的。"

因此,如何让精心设计的部分,合理的融入到每一处细节当中,不会让体验者感觉这是特意的讨好与卖弄,这就十分考验设计者的功力与民宿主的用心程度了。

比如,民宿圈内熟知的"大乐之野"民宿品牌,他们在碧坞店的打造时,把设计风格类似的6栋别墅和1栋餐厅因地制宜分散在村子里,看似随意,但每个楼的景观特色、朝向、大小、院落的关系,都可以十分自然的对景,甚至每个楼的不同房间在不同季节,顾客的体验都是截然不同的。

4.3.3.2 从客人的角度来模拟场景、改进设计

明确一个观念,民宿的设计是为了在尽量降低成本的前提下,服务客人的生活,带给客人最好的体验。因此,一味追求高大上、设计感的设计都是不理智的,设计必须换位思考,从客人的真实场景当中找问题,改进设计。

比如,很多藏式风格的民宿会使用大量的彩绘和雕刻,整间屋子、走廊都极尽奢华,但追求"内心平静"的客人来此却会感到一种无形的疏离感,仿佛来到了一处精心为自己准备的"藏式会所",丧失了亲和度。同样是藏式风格的"松赞林卡系列民宿"在装饰上很克制,只在窗户、屋檐等实用性强的地方"浓墨重彩",其他地方慎用装饰,节省了大量的成本,也增添了更多生活的气息。

设计的过程尤其要考虑这些细节,甚至庭院里的围栏,也尽量不要打成直线,感觉美观就可以。容忍些许"不完美的设计"和"瑕疵",民宿才能兼具美观和实用性。

4.3.3.3 不要吝啬——多留一些"无用"空间给客人

为什么说看起来无用的公共空间要多一些?其实很好理解,民宿的顾客普遍来自都市,高压、稠密的生活环境太久了,他们需要一个足够开阔、足够放松的空间来让自己休息,甚至有的客人乘飞机来民宿,就是为了在大山里睡一晚。

"剥夺"客人期待的大院子、壁炉客厅,被迫蜗居在15平方米的狭小客房里,看似提高了民宿的经济效益,能多做几间客房出来,但损失的却是民宿的核心竞争力,是舍本逐末的做法。

4.4 装修的实施

面对竞争日益激烈的民宿市场，民宿的装修、设计也被消费者列入重点考察范围，因此装修直接影响到了订单量，这也是经营一家民宿的成败的重点。

4.4.1 装修风格选择

在竞争日益激烈的民宿市场，民宿的装修、设计风格越来越被人所看重，因为这直接影响到了订单量与咨询率，也是做好一间民宿的重要因素之一。下面是7类常见的民宿装修风格。

4.4.1.1 北欧风

北欧风是比较常见的一种装修风格，色彩和空间都追求简洁、素雅和明亮。无论是大空间还是小空间，都是呈现出一种简约、简单的氛围。十分轻便的家居装饰，颜色素雅的设计风格，受到了不少人的青睐。

比如，坐落于浙江杭州的麦芽庭，是由两幢房子和前庭、中庭两个独立庭院组成，藏身于灵隐白乐桥的一片民宿之中。麦芽庭出自知名设计师之手，按照主人的原话，这里"既要度假的闲适，又要创意的风尚"，通过线条、几何的组合，融合成了没有矛盾的麦芽庭。如图4-6所示。

图4-6 麦芽庭民宿截图（一）

第1幢房的一楼是独立咖啡馆，也提供酒水和下午茶，往里则是一个公共空间，一面墙的落地窗将有鱼有水有荷花的前庭景致无缝对接到室内，各国各地淘来的摆件、充满设计感的灯具布线，也会有国内独立家具设计的部分椅子，搭配出一种简约又摩登的北欧风。如图4-7所示。

图4-7 麦芽庭民宿截图（二）

麦芽庭共有10个客房，每一间客房的设计都围绕着麦芽的四季生长为主题，分别名为：白露，小满，惊蛰，芒种，谷雨，秋分，寒露，小雪，春分，夏至。二楼设有VIP室，用以小团队聚餐，推窗可俯瞰整个前庭。

4.4.1.2 日式风

无论是家居还是民宿装修，日式风装修风格近年来可谓是掀起了一股潮流，较多的民宿卧室选用榻榻米的风格。和北欧风一样，日式风简洁素雅，但又独具味道。一道雅致的屏风、一床温暖的床铺，使人能够瞬间宁静下来。

比如，坐落在浙江杭州的不足民宿，大堂是简单的木门，吧台旁有民宿主从日本淘回来的满柜子茶具，房间都是榻榻米式的小屋，没有电视，床头黑色古典的音箱，才是房间的绝配；民宿主特意在房间里准备了龙井和铁观音，住客边听古典音乐边喝茶，完全不觉时光的流逝。如图4-8所示。

图4-8 不足民宿截图（一）

住宿分布在2、3楼,共有6个房间。每个房间都有一个雅致的名字:禅悦、空色、自在、不语、得闲、观想。矮窗边置了茶席,古朴的铁壶使得这一片休息区域更具韵味。洗漱台上有插上枯枝的日本花瓶,卧室和洗浴间只隔一层印有日本浮世绘的亚麻门帘,开放式的格局,模糊了时间和空间的概念。如图4-9所示。

图4-9 不足民宿截图(二)

4.4.1.3 工业风

基础色调主要是黑白色系。工业风中的重要元素便是铁艺制品,无论是楼梯、门窗还是家具甚至配饰,粗犷坚韧、外表冷峻、酷感十足。自然、粗野的裸砖常用于室外,但在工业风中,常把这一元素运用到室内,老旧却摩登感十足。水泥墙是后现代建筑师最爱的元素之一,可以让人安静下来,静静享受室内空间的美好。工业风给人一种酷酷的感觉,少了些家的温馨,但也许正因为它的个性,才让许多人欣赏。

比如,坐落在浙江杭州的栖迟民宿,一进门,紧抓眼球的是逐渐收窄的吧台,设计感强烈,吧台区特意留出的4个窗孔,为的是让客人感受到不同时间、不一样的气候状态下苔藓的细微变化。简洁的线条,朴质的水泥,这里每一处设计都无不透露着冷峻、内敛、谦和、内省的气质。如图4-10所示。

房间里没有任何多余的东西,但一些细节的体现又会让住客感动。房间里有小型吧柜,随时性情而至立即能喝上一口酒。枕套和床榻套被花纹,都是提取民宿所在地杨梅岭和周边的等高线地图绣制而成。

图 4-10　栖迟民宿截图

4.4.1.4　田园风

田园风中的美式、法式、韩式比较常见,风格大众化,容易被大众所接受,有时候甚至是几种风格混搭或者用地中海风格。家具和器物的选用上还会混入中国风或日式风的设计。

比如,坐落在浙江杭州的隐居西湖别墅,隐居旗下有醉翰林、倚华浓两幢别墅,别墅都是美式乡村风,采用石材作为主要外部装修材质,内部大量木质材质的运用,更增添了历史气息,庭院中,无论是灌木还是藤蔓、鲜花还是绿叶,都能完美又自在地找到自己的位置。如图 4-11 所示。

图 4-11　隐居西湖别墅截图

一楼客厅最适宜举办聚会沙龙活动,多彩地图、老式唱片机、水晶吊灯、复古台灯、小吧台、沙发后的《上下五千年》等都有着奢华和复古感,三面环绕而成的沙发将客厅打造成既可家庭聚会,也可商务洽谈。

4.4.1.5 禅意风

禅意风多为中式风和日式和风，禅意风格庭院的代表是中式泼墨山水式的庭院和日式洗练素描式的庭院。中式风格中正的布局，以墙、隔断、屏风打造层次感，窗子取景造境。其特点是注重文化积淀，采用大量木质材料，讲究一种脱俗的意境。

比如，浙江临安的斐文上客堂，坐落在天目山禅源寺旁，外墙极富佛教特色，黄墙红瓦，仿佛是与寺庙共生，你甚至会一度以为这里是僧人的禅院。推开窗就能看到古寺，每天清早，都会听见寺庙的钟声。如图4-12所示。

图4-12　斐文上客堂截图（一）

客房是一派禅意风格，榻榻米和小茶几，配着书法墨宝和香薰小炉，瞬间就能让你静心，当然你还可以听着钟声去抄经室抄下几篇经文，在这里"做一天和尚撞一天钟"，特别有一种剪断凡尘喧嚣的感觉。如图4-13所示。

图4-13　斐文上客堂截图（二）

4.4.1.6 民族风

民族风民宿在设计上需结合区位特色,有一些是各民族特色结合,也有的是单一民族特点,某种程度上也有传承的意义。其特点是具有文化底蕴、民族风情和传承意义。

比如,云南香格里拉·阿若康巴·南索达庄园。阿若康巴,藏语意为"来吧,朋友",民宿主扎巴格丹是茶马古道的马帮后人,自小对茶马古道充满崇敬,为传播香格里拉和茶马古道,他建造了阿若康巴,南索达庄园位于香格里拉独克宗古城,临近大龟寺。如图4-14所示。

图4-14　阿若康巴·南索达庄园截图

庄园由4栋木屋组成,扎巴甚至会把自己的私藏都搬来用做装饰。庄园旁的唐卡中心也值得一去,这是扎巴为保护藏族传统文化在2007年联结香格里拉的土地、人之间的关系,建造起来的公益空间。

4.4.1.7 复古风

复古风民宿设计中比较多民国风和明清古风,多是老宅改造而来。

民国风的民宿,有着中西方文化相互冲击产生的独特风格,既有中式风格的端庄大方,又有西式的开放热情。

比如,坐落在浙江宁波的书房民宿,名为书房,其实是书元素随处可见的民宿,位于宁波老城中心地段中国第一个以江南院落为改造蓝本的商业街区月湖盛园。

书房内部有一种老上海的雅致和贵气,书也是无处不在,随手一摸就是张爱玲或者舒国治,电梯门口排着余华或是村上春树,电梯、房门都是书柜的模样,床头还摆着本米兰·昆德拉。黄包车、留声机、海棠玻璃、大皮沙发、花砖地板，所有营造年代感的物件都用得恰到好处。如图4-15所示。

图4-15　书房民宿截图

明清古风的民宿，是使用传统明清时期家具，加入新中式设计风格的家具器物相融合而成。

比如，北京的书香阁民宿，紧靠故宫的四合院民居，雕廊画栋下京味十足，民宿主特意为房客准备的迷你小露台可以眺望周边的故宫、王府井，整个民宿从檐饰、门框雕花到家具的选择也都别具新意。

房间里的家具都是木质结构，仿古造型，而且遵照传统文化对称摆放，搭配青花瓷和景泰蓝的器具，更有一种身处宫廷的感觉。墙上挂着京剧脸谱，沙发是传统的清代木质罗汉榻，高贵又觉得奢靡。如图4-16所示。

图4-16　书香阁民宿截图

民宿的整体风格一定得体现自身的独有特色，切忌拿来主义，然后风格上最好能融合当地文化。

4.4.2 装修注意事项

民宿在装修过程中，应注意以下事项。

4.4.2.1 房间的采光和通风

房间的采光和通风是客房最基本的条件，设计的好，还会因此提高客房的档次和价位。谁都不喜欢没有直接采光的房间，所以设计的时候就需要格外注意，否则"暗房"绝对卖不出上好的价格。如果客房通风达不到良好的效果，就安装新风系统，一般的中央空调都可以附加这个系统，价格也不是很贵。

4.4.2.2 房间的隔音设计

如果住客在休息时，听到隔壁房间传来此起彼伏的打噜声，又或者是悄悄话，那是很难入睡的。

一般情况下，可选择隔音好的砖墙加上隔音棉之类的材料，尤其是做木结构的仿古建筑，解决隔音要放在第一位。

（1）洗手间的排风扇，要安装在实体墙壁上，防止因共鸣而放大了噪声。

（2）中央空调、热水机等大型设备室外机噪声也很大，一般会放置在房顶或者足够远的地面。安装时，要加减震系统，否则，夜深人静时，房间会嗡嗡地响。

4.4.2.3 供水系统的设计

（1）供水最好能够满足最大入住需要，热水用量按家用的1.5倍设计，在多个房间同时用水时，供水系统要能够保障水压及水量。

（2）洗手间注意地面要有点坡度，排水要快、地漏要多，以免有积水。

（3）下水和污水管没有处理，会导致卫生间反味，如果民宿规模比较大，为了避免因管道过长而导致异味，可增加化粪池，让卫生间的污物快速流到最近的化粪池。化粪池与市政管道接通时，弄清楚下水和污水管道。

（4）民宿经营的时间久了，容易出现漏水，因此，装修时最好做双层防水。

4.4.2.4 用电的设计

（1）夏天或冬天空调地暖全部开启的时候，如果因过载而跳闸就不太好了，甚至还有可能导致火灾的发生。所以，联系当地供电局增容，电缆容量预留足够的负载。

（2）灯具都要选用节能灯，电是每时每刻要用的，每天多一点，一个月下来，就是一笔不小的开支。

（3）装修时，房间里多安装几个电源插口，现在旅客用电的设备也越来越多，这些细节，能够给旅客带来很大的方便。

（4）强电和弱电安装，最好是一拨人统一做，虽然是不同的工种，但他们之间许多工作是需要统筹和协调的。

4.4.2.5　无线网络的安装

无线网络对入住体验至关重要，一个好的网络会让客人舒服得多，如果你希望客人窝在民宿的某个公共区域，实现潜在的消费变现，Wi-Fi差当然不行。

电视机顶盒最好和网络分开，电视就用有线电视好了，如果用了网络电视，万一遇到客满，出现网络塞车，电视也卡，大家都会感觉不爽，后悔都来不及了。

4.4.2.6　取暖的设计

空调取暖便宜但是会很干，容易产生不舒适的感觉，地暖是最好的取暖方式，不过地暖一旦铺好就再也不能维修了，除非撬了地重新来做。

如果你的民宿在北方，旅客在房间的时间比较多，为了舒适起见可选择地暖，如果是南方的民宿，选择空调也可以。但作为一家提供优质服务的民宿，24小时提供热水、空调是最基本的条件。

4.4.2.7　房屋的结构、承重等

如果是改建民宿，就要充分考虑房屋的结构及承重等，不能超过原建筑的结构及承重范围，任何改建都必须在原建筑所能承受的范围内进行。

最好选择有资质的设计及施工单位，这样才能在责任追溯时有人担当。

4.4.2.8　房间的配套设施

民宿最为关键的是里面的设施齐全，使用方便，让客人住着舒服。对民宿主及员工也同样如此，这样的体验是最基本的，也能让你的民宿有家的感觉。

有的民宿会请住店的员工，如果是需要包吃包住的，民宿就要留出几个小房间给员工住宿，还包括布草间、工具间、公用洗手间、公共淋浴设施，以及必要的日常要用的工具，如晾衣架、衣挂架、穿衣镜等。这些必要的设施和工具都配齐全了，住客才能感觉到舒服。

4.4.3 软装设计搭配

在同质化严重的民宿行业,想要崭露头角,需要做到的就是与其他民宿不一样,硬装大同小异,我们就要做到软装与众不同。民宿软装赋予民宿个性化的生活与情感体验,而这些恰是民宿的灵魂,如果民宿只是单纯提供住宿服务,相信更多人会选择酒店。具体来说,民宿在软装的设计搭配上要注意图4-17所示的4点。

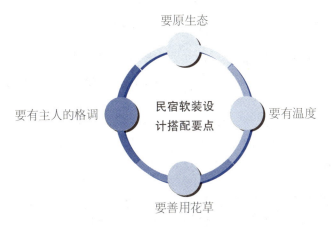

图4-17 民宿软装设计搭配要点

4.4.3.1 要原生态

民宿与酒店最大的区别就是个性化,民宿选址大多是依山傍海的风景圣地,在选择软装物件时,结合当地风土民情,尽量使用带有当地特色的物品,融情于一砖一瓦,通过老物件向观光者诉说这个城市的故事。如图4-18所示。

图4-18 民宿软装效果图(一)

> 开店指南
>
> 民宿的改建或翻新，一定要与当地环境相结合，符合当地的人文特色，因此要保护好当地的生态，包括环境生态和人文生态，一个失了根的民宿，最终就沦为了一家旅店了。

4.4.3.2　要有温度

最初一批的民宿创业者，情怀是推动他们经营民宿的动力，因为自己喜欢这样的一种生活方式，所以营造这样的一种生活状态，就也是民宿最初吸引大家眼光的地方。

亲近自然、宁静、舒适、简单，民宿追求的是一种与都市生活迥然不同的生活方式，因此民宿设计要在舒适整洁的基础上，更多地侧重于软体的营造，要有人文温暖。如图4-19所示。

图4-19　民宿软装效果图（二）

4.4.3.3　要善用花草

也许你的民宿处在闹市间，没有高山也没有深水，但万万不能少了制造氧气兼颜值担当的绿色植物。绿色是最能让人放松的颜色，逃离世俗安放灵魂的桃花源在人的想象中总是和一片绿色联系在一起。温柔的多肉、富有生机的藤蔓，可以装点朴素的房子，可以点亮荒芜的梦境。如图4-20所示。

图4-20 民宿软装效果图(三)

4.4.3.4 要有主人的格调

一个人的生活格调是由他的经验以及阅历决定的,一个民宿的格调是民宿主人格调的实体化表现,是很难复制的独特的格调。具有人格化的事物能够让人快速记住,旅客满意了,他才能为您带来更多的客源。

第 5 章
开业筹备

导言

　　筹备开业是一项非常烦琐、复杂的工作,是为今后民宿成功运营、降低运营成本等打好基础的重要阶段。它要求经营者既要协调好各种关系,又要考虑周全,在人、财、物等方面做好充分准备。

本章导视图

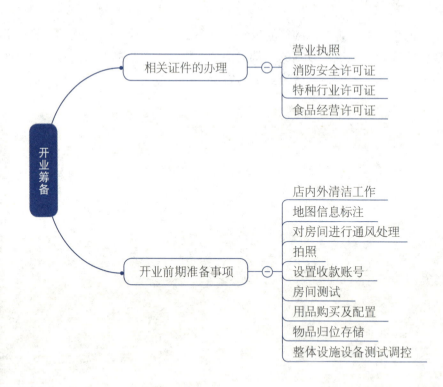

5.1 相关证件的办理

2019年7月发布实施的《旅游民宿基本要求与评价》(LB/T 065—2019)中明确规定,民宿经营应符合治安、消防、卫生、环境保护、安全等有关规定与要求,取得当地政府要求的相关证照。

5.1.1 营业执照

营业执照是工商行政管理机关发给工商企业、个体经营者的准许从事某项生产经营活动的凭证。其格式由国家市场监督管理总局统一规定。

其登记事项为:名称、地址、负责人、资金数额、经济成分、经营范围、经营方式、从业人数、经营期限等。营业执照分正本和副本,二者具有相同的法律效力。正本应当置于公司住所或营业场所的醒目位置,营业执照不得伪造、涂改、出租、出借、转让。

没有营业执照的工商企业或个体经营者一律不许开业,不得刻制公章、签订合同、注册商标、刊登广告,银行不予开立账户。

5.1.1.1 个体户——"两证合一"

对于个体户来说,办理的营业执照为"两证合一",即工商营业执照和税务登记证。

那么,怎样算是个体户呢?《个体工商户条例》第2条第1款规定:"有经营能力的公民,依照本条例规定经工商行政管理部门登记,从事工商业经营的,为个体工商户。"

5.1.1.2 企业——"五证合一"

自2016年10月1日起,我国正式实施"五证合一、一照一码"的登记制度。"五证"即"工商营业执照、组织机构代码证、税务登记证、社会保险登记证和统计登记证"。"五证合一"变为加载统一社会信用代码的营业执照,如图5-1所示。

图5-1 民宿"星之光渔家乐"的营业执照

5.1.2 消防安全许可证

民宿属于公共场所，因此应办理《消防安全许可证》。

公众聚集场所在投入使用、营业前，建设单位或者使用单位应当向场所所在地的县级以上人民政府公安机关消防机构申请消防安全检查，并提交下列材料。

（1）消防安全检查申报表。

（2）营业执照复印件或者工商行政管理机关出具的企业名称预先核准通知书。

（3）依法取得的建设工程消防验收或者进行竣工验收消防备案的法律文件复印件。

（4）消防安全制度、灭火和应急疏散预案、场所平面布置图。

（5）员工岗前消防安全教育培训记录和自动消防系统操作人员取得的消防行业特有工种职业资格证书复印件。

（6）法律、行政法规规定的其他材料。

依照《建设工程消防监督管理规定》不需要进行竣工验收消防备案的公众聚集场所申请消防安全检查的，还应当提交场所室内装修消防设计施工图、消防产品质量合格证明文件，以及装修材料防火性能符合消防技术标准的证明文件、出厂合格证。

相关链接

> **《深圳市公众聚集场所投入使用、营业前消防安全检查》办事指南**
>
> **1.受理范围**
>
> （1）服务对象：自然人、企业法人、事业法人、社会组织法人、非法人企业、行政机关、其他组织。
>
> （2）申请内容：公众聚集场所投入使用、营业前消防安全检查。
>
> **2.受理条件**
>
> （1）消防安全检查申报表。
>
> （2）营业执照复印件或者工商行政管理机关出具的企业名称预先核准通知书。
>
> （3）消防安全制度、灭火和应急疏散预案。
>
> （4）场所平面布置图。
>
> （5）员工岗前消防安全教育培训记录。
>
> （6）由申请人自行提出申请的，应提交有效身份证件复印件；对申请人委托代理人提出申请的，代理人出具本人的有效身份证件、委托人的身份证件

（复印件）及授权委托书（委托人签名或盖章）。

（7）法律、行政法规规定的其他材料。

依照《建设工程消防监督管理规定》不需要进行竣工验收消防备案的公众聚集场所申请消防安全检查的，还应当提交场所室内装修消防设计施工图以及装修材料防火性能符合消防技术标准的证明文件、出厂合格证。

属1998年9月1日前投入使用的建设工程（场所），可提供证明其投入使用时间和当时使用性质的房屋产权证明等建筑物合法证明材料。

3. 申请材料

（1）安全检查申报表。

（2）企业名称预先核准通知书。

（3）消防安全制度、灭火和应急疏散预案。

（4）场所平面布置图。

（5）员工岗前消防安全教育培训记录复印件。

（6）职业资格证书。

（7）居民身份证。

5.1.3 特种行业许可证

特种行业，是指在工商服务业中，因经营业务的内容和性质而易于被犯罪分子所利用，由国家或地方法规规定交由公安机关实行治安行政管理的行业。列为特种行业的就有旅馆业，包括旅社、饭店、宾馆、酒店、招待所、有接待住宿业务的办事处、培训中心、住客浴室、度假村等。因此，民宿经营者应依法办理《特种行业许可证》。

相关链接

《深圳市旅馆业特种行业许可证核发》办事指南

1. 受理范围

（1）服务对象：企业法人、社会组织法人、其他组织。

（2）申请内容：旅馆业《特种行业许可证》核发。

2.受理条件

按照《广东省旅馆业治安管理规定》执行。

3.申请材料

(1) 营业执照。

(2) 建设部门核发的建设工程竣工验收报告或备案回执,或房屋质量监测专业机构出具的检测鉴定结论(深圳市)。

(3) 消防部门出具的消防安全验收合格材料。

(4) 旅馆业治安管理信息系统安装情况。

(5) 旅馆业特种行业许可证核发告知承诺书(深圳市)。

5.1.4 食品经营许可证

对于提供餐饮的民宿,应办理《食品经营许可证》。我国法律明文规定,在中华人民共和国境内,从事食品销售和餐饮服务活动,应当依法取得食品经营许可。食品经营许可实行一地一证原则,即食品经营者在一个经营场所从事食品经营活动,应当取得一个食品经营许可证。如图5-2、图5-3所示。

图5-2 《食品经营许可证》正本式样

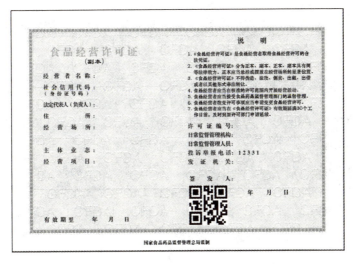

图 5-3 《食品经营许可证》副本式样

5.2 开业前期准备事项

开业前事情烦琐,如果不按照一定流程,把要做的事情一项一项列出来,很容易出现混乱。同时,开业准备的质量也会影响到后期的一些事情。为确保开业顺利流畅,必须先做好开业前的各项准备工作。

5.2.1 店内外清洁工作

保证店内外干净整洁,物品摆放有序。
(1)清洗客房及公共空间的玻璃。
(2)房间卫生的最后清洁打扫。
(3)地面墙壁清洁。
(4)隐蔽角落卫生打扫。
(5)店外围的清洁。
(6)走廊栏杆清洗。

5.2.2 地图信息标注

地图信息标注一方面利于客人导航,另一方面可以显示在微信、QQ空间、微博等客户端。地图信息可以去百度地图、腾讯地图、搜狗地图、高德地图等地图进行标注认领。标注尽量要做到准确无误，也可以请专业的地图标注团队来进行标注。

5.2.3 对房间进行通风处理

新开业的店一个很大问题就是房间味道太重，墙壁、家具等散发出难闻的气味。开业前很重要的事情就是对房间味道的处理，尽可能减弱味道。
（1）勤通风，每天打开门窗，让空气形成对流，保持房间气流畅通。
（2）每个房间可以放置几个菠萝，菠萝属于粗纤维类水果，既可以吸收油漆味道，又可以散发菠萝的清香。也可以利用祛味清洁剂对家具、壁纸等进行喷涂。
（3）房间的柜子、箱子、抽屉可以放置一些活性炭，活性炭对有害气体具有较强的吸附作用。

5.2.4 拍照

请专业的摄影师进行拍照。照片包含房间照片、公共区照片、细节照片、过道照片、庭院照片、整体建筑照片、航拍照片等。拍好后，要对照片进行整理分类，以便后期持续使用。

5.2.5 设置收款账号

实现收款方式多样化，可以设置现金、转账、刷卡、微信支付、支付宝支付等多种收款方式。设置不同的银行收款账户。制作微信、QQ、支付宝收款二维码提示牌，申请办理POS机。

5.2.6 房间测试

通过对房间的测试，能够保证客人正常入住。房间测试主要针对房间的硬件及软件，保证设施设备使用正常，处于能出售状态。

5.2.6.1 房间硬件测试

（1）电器设施设备测试调控：电视、空调、热水器、电热壶、电热毯、电话、智能马桶、智能浴缸、智能窗帘等调试。
（2）洗浴系统测试：单间客房热水出水时间测试、全部房间热水供应时长测试，以防在房间住满情况下，出现热水不够用情况。

（3）门窗系统测试：门卡系统是否正常；窗子开关是否顺畅，有无损坏。

（4）灯光系统测试：灯具及开关是否正常，晚上灯光效果如何，光线是偏暗或者偏强。

（5）Wi-Fi网络系统：Wi-Fi是否正常、信号强弱，尤其注重对处于边角房间的Wi-Fi测试。

5.2.6.2 软件测试

软件测试主要测试入住体验感如何、隔音状况是否良好、房间气味是否浓重、房间内有哪些不合理的配置及摆设。

5.2.7 用品购买及配置

购买用品的数量及价格要根据民宿自身档次及体量来衡量。一般来说，需要购买的物品包括但不限于以下种类。

（1）清洁用品：各种刷子、扫帚、拖把、簸箕、吸尘器、洗衣粉、清洁手套、抹布、消毒液、清洁剂、清洁袋、马桶刷、垃圾桶等。

（2）客房耗品：沐浴露、洗发露、护发素、润肤露、牙刷、牙膏、肥皂、纸巾、拖鞋（包括一次性拖鞋）、剃须刀、针线包、擦鞋布、护理袋、避孕套等。

（3）办公用品：贴纸、文件夹、A4纸、名片夹、中性笔、记号笔、剪刀、胶带纸、固体胶、双面胶、订书机、计算器、复印纸、税票打印机、记账本、收据单、菜单、收纳盒、夹子、支架式黑板、粉笔、U盘、POS机、二代身份证阅读器等。

（4）维修用品：折叠梯、手电筒、套装工具箱、马桶疏通器、网线、钻头套装、电笔、园艺剪刀、洒水壶、铲子、镰刀、铁锹等。

（5）日常生活用品：指甲钳、雨伞、雨鞋套、针线盒、水果刀、晾衣架、USB线、肥皂、洗衣液、啤酒开瓶器、红酒启瓶器、红酒杯、蜡烛、打火机、医药箱、电池等。

（6）厨房用品：盆、盘、碗、锅、筷、调味品、各类厨具（刀、叉、夹子、铲子、勺子、砧板等）、油烟机、泔水桶、托盘、洗涤蒸煮设备等。

（7）通信用品：对讲机、电话、手机、电话卡。电话号码尽量挑选一些好记顺口的号码。

（8）消防用品：灭火器、消火栓箱、烟雾报警器、消防水带、应急照明灯、消防面具等。

 **相关链接**

民宿的基本配置

1. 一间客房的基本配置

电热壶×1、漱口杯×2、水杯×2、卫生间卷纸×1、垃圾桶×2、纸巾盒×1、衣帽架×1、浴袍×2、拖鞋×2、地巾×2、面巾×2、浴巾×2、台灯×2、牙刷牙膏×2、沐浴露×1、衣架×5、洗发露×1、浴帽×2、电视×1、空调×1、烟灰缸×1、果盘×1、矿泉水×2、灭蚊器×1、体重秤×1、吹风机×1、茶叶袋×1、避孕套×1、浴室防滑垫×1、插线板×1、房卡×2、钥匙×2、毯子×2、枕头×4。(每家根据具体情况斟酌)

2. 前台基本配置

工作电脑×1、视频监控显示器×1、打印机×1、税票打印机×1、电话×1、笔筒×1、二代身份证阅读器×1、POS机×1、计算器×1、保险箱×1、对讲机×1、本子若干。(每家根据具体情况斟酌)

5.2.8 物品归位存储

把物品进行整理归类,分别放在不同的地方,如布草间、储物间、吧台、前台等,并进行物品盘点,便于在使用时候能够迅速找到。

(1) 布草间:布草、清洁工具、客房耗品等。

(2) 储物间:维修工具、杂物等。

(3) 前台:小件物品(如手电筒、指甲钳等)、办公用品等。

(4) 吧台:水果刀、启瓶器、各类杯子等。

5.2.9 整体设施设备测试调控

对店内的监控设备(监控设备是否使用正常、是否存在监控死角等)、音响、灯光、水泵、消防、网络等系统的测试,保证这些系统能够正常使用。

第 2 篇

经营实战篇

第 6 章
人员配置

导言

人员配置是民宿管理重要的一部分。科学合理的人员配置有助于工作的开展、服务质量的提升,更有利于经营者实现成本控制。

本章导视图

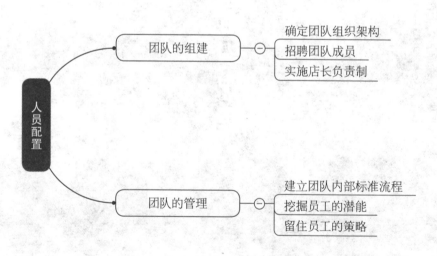

6.1 团队的组建

团队组建是指聚集具有不同需要、背景和专业的个人,把他们变成一个整体、有效的工作单元的一个过程。

6.1.1 确定团队组织架构

人员架构体系是客栈民宿管理重要的一部分。科学合理的架构体系有助于工作、服务质量的提升,有利于实现成本控制。由于客栈民宿规模及档次有差异,在人员架构体系中,职位及人员数量会有差异,要根据每家店具体情况来设置。

××民宿的人员架构体系

1.店长

数量:1名。

职责:全面负责客栈民宿的日常经营管理、营销,保证客房的入住率;提升客栈民宿的品牌价值;负责人员的招聘、管理及培训;客栈民宿的公关和外联;应急事件处理,直接对老板负责。

2.名誉店长

数量:1名。

职责:利用其影响力,负责在圈层内进行推广营销。

3.前台

数量:根据客栈民宿体量及其档次特征,前台最好男女搭配,一般1~4名左右,规模小的客栈,老板、老板娘也可负责前台工作。10间以下的民宿,配置1个前台+掌柜或老板;10间以上的民宿,配置2个前台+掌柜或老板。

职责:负责客人接待,办理客人入住、退房手续;接受和处理订单;房态管理,及时更新或关闭房态;维护OTA平台(Online Travel Agency,在线旅行社)客栈民宿及房间信息与维护客户。

4.店长助理

数量:1名。

职责：协助店长负责客栈民宿日常经营管理；负责人员考勤；负责培训考核等。

5. 管家

数量：提供管家式服务的客栈民宿可以配。

职责：充当客人"私人助理"角色，服务客人；满足客人的需求，处理客人的要求、预约、预订、问题、投诉等；提升客人入住体验感，确保客人入住满意。

6. 客房主管

数量：1名（可兼职）。

职责：巡视客房布置及检查客房卫生；对客房设施设备进行定期保养，保证客房内设施设备正常运行；发现损坏或故障，及时维修或更换。

7. 行程主管

数量：1名（可兼职）。

职责：安排客人用车需求；客人个性化路线定制安排；客人租车安排（电动车、自行车）。

8. 主厨（中餐厨师、西餐厨师）

数量：根据客栈民宿具体情况配比。

职责：负责客人用餐需求；研究新菜品及根据季节推出新菜品；保证食物卫生安全。

9. 帮厨

数量：1名（可兼职）。

职责：帮助主厨洗菜、配菜、传菜；收拾及清洗餐具；负责厨房卫生清洁。

10. 吧台工作人员

数量：根据具体情况配比。

职责：负责吧台饮品（咖啡、茶、特饮等）、水果拼盘及其他小吃制作；设备清理及维护；研发新的产品；吧台卫生清洁打扫。

11. 采购

数量：1名（可兼职）。

职责：日常用品采购；餐厅及吧台食材原料采购；客房用品采购。

12. 保洁

数量：根据具体情况配比。依照快捷酒店为参考，客房人员配置为：房间数×入住率÷每人平均工作量（一名清洁员工做房数在10间左右）。

职责：负责客房及公区卫生清洁；负责布草整理及洗涤；负责与洗涤公司进行布草对接。

13. 财务

数量：1名（可兼职）。

职责：负责民宿日常财务；制作财务报表。

14. 兼职员工

（1）清洁人员：客房打扫。（负责旺季及入住率高时的房间整理打扫）

（2）水电网故障维修人员：负责客栈民宿水电网检修及故障维修。

（3）营销推广人员：负责客栈民宿图片拍摄及文字宣传；维护微博、微信公众号、蚂蜂窝等平台；负责策划营销活动等。

（4）花匠：负责店内花草种植维护工作。

6.1.2　招聘团队成员

做好民宿框架的搭建后，接下来就要通过合理的渠道进行外部或内部的人员招募了。

6.1.2.1　团队成员筛选的标准

对于团队成员的筛选有图6-1所示的两个主要标准。

图6-1　团队成员筛选的标准

这两点要匹配得当，才能形成良性的团队扩充。当然，人员与标准的匹配度也需要在后期运营管理过程中得到检验和加强。

6.1.2.2 招聘员工的参考依据

民宿经营者在招聘员工时，可参考图6-2所示的依据。

图6-2 招聘员工的参考依据

（1）经验丰富。民宿经营者在初期招聘的时候，一定要了解到应聘者是否有关于民宿管理方面的经验。以前是否有过类似的工作经验，这一点对于民宿的招聘尤其是管家这一岗位而言极其重要。民宿区别于其他的企业，没有一个很宽容的适用学习期，需要员工对服务管理方面有一定的经验，懂得其中最基本的准则，从而和自家民宿进行磨合。

经营者自身在民宿运营中起到的仅仅是一个带动的作用，很多基础工作还是需要员工自己吸收融合的，因此员工如果没有类似的工作经验，可能会导致后期磨合失败、离职率增加等情况发生，从而丧失团队的稳定性，甚至还可能会导致民宿经营出现严重问题。

（2）志趣相投。兴趣是最好的陪伴。为了保持整体团队的稳定，民宿经营者应根据自己的性情选择有共同语言、志趣相投的员工也是很重要的。

经营者和员工的相处会渗入到日后工作的方方面面，如果不能进行良好的沟通和交流，很容易导致精神上的懈怠感，以致丧失工作的动力和热情，从而导致整体团队不和谐的情况，造成民宿运营的困扰。

（3）能力达标。在招聘的前期，考核了员工相关的工作经验之后，在正式选择的过程中，业务能力一定是要达标甚至出众的，对于各方面的学习能力也要具备。

民宿是随着人们享受型消费产生的，也会随着时代和生活水平的改变和提高而进行相应的改变，另外民宿的风格和服务一定也是随着发展而改变的，那么在这一点上，就要求员工具有一定的学习和应变能力，能够随着民宿风格等方面的改变而随之改变增强，让民宿的服务能够保持良好的态势，以得到房客广泛的肯定。

 相关链接

民宿员工招聘技巧

一直以来,一旦民宿达到一定的发展规模,民宿经营者必然会有力不从心的情况发生,那么在这样的情况下,招聘这件事情就显得势在必行了。渴望招聘到真正有用的人才也是每个民宿经营者的心愿。

那么对民宿经营者而言,如何能够在本身的基础上,招聘到自己想要的人才,并且进一步打造成符合自身民宿条件的精良团队呢,具体方法如下。

1. 发挥民宿本身优势

首先要吸引到优质的员工以及专业性的人才,民宿本身的优势吸引是必不可少的,民宿所处在的地点、周边的设施、民宿本身的风格特色、针对人群等,这些都是能够吸引到真正有志之士前来的条件,相较于周边的其他民宿而言,自家民宿本身独有的特色和出彩点,也是很重要的因素之一。

民宿经营者在进行团队建设和员工招聘之前,首先要做好自身民宿的建设经营工作,对民宿有一个明确的定位和未来的目标性方案,能够给到员工足够的安全感和挑战性,同时根据当地针对民宿的各项政策及时调整,贯彻到地方性文件的要求,让民宿有更好发展的基本条件,从而在未来能够有更好的前景。

2. 展现经营者人格魅力

民宿的员工招聘和其他的公司招聘不同,这里不仅仅要求专业技术方面有足够胜任的能力,更加注重个人情感方面的培养。民宿相对于酒店而言,更多的体现便是在人文情怀方面,作为民宿的员工,本身也应该有一个民宿文化的加持,而非公事公办的处理各项事宜。

而民宿的灵魂是经营者所赋予的,也就是说民宿的文化基本是取决于经营者的想法和情感,那么对于民宿的员工而言,尽量地在情感上和经营者达到契合,也是能够胜任工作的关键,我们称之为员工的共情能力。反过来说,从经营者的角度而言,要寻找到适合民宿的员工,还是要有一个自己固化的人格魅力,用这样的方式来对员工进行筛选聘用,并且在日后的共事过程中耳濡目染,从而达到团队融合的目的。

3. 采用适当引荐渠道

很多时候,在自己无法独自运营的情况下打算进行招聘的经营者,往往

会找不到正确的招聘渠道和方式,从而无从得知真正能够胜任工作的人才在哪里,造成"招聘难"现象的产生,这里主要介绍一下能够尝试发掘员工的渠道。

(1)线上渠道。线上渠道主要就是在各类招聘APP上面发布招聘的启示,这一点也是很多经营者最普遍的选择,双方亦可以在网络上有一个初步的沟通再决定是否能够进行更进一步的交流。这一点要注意的就是APP的选择,可以多做一些调研,感受一下当地对哪一种APP的热衷程度会更高,当然也可以同时在多个APP上进行发布,有一个主要的侧重,关于待遇、工作内容的介绍尽量详细,民宿本身的内部情况也可以做一个大体的沟通,工作环境即民宿的照片也可以适当进行发布。

(2)线下渠道。其实如果是经验足够且人脉广泛的经营者,线下渠道的招聘会更加精准和优质,当然这也是相较于和线上情况的概率而言。可以是通过熟人介绍有类似经验的员工进行应聘,可以省下线上初步沟通的很多时间,并且对所招聘员工有一个初步真实的了解。相较于线上招聘而言,在条件许可的情况下,初次进行员工招聘的经营者可以有这方面的尝试。

6.1.3 实施店长负责制

俗话说:"兵熊熊一个,将熊熊一窝。"一个好的团队必须有一个优秀的管理者。对于民宿经营来说,可以采取店长负责制,让优秀的店长来管理整个团队。

一名优秀的民宿店长,应具备以下3个方面的能力。

6.1.3.1 销售能力

店长的销售能力,直接决定这间民宿的营收高低。具体来说,店长的销售能力,主要包括图6-3所示的3个方面。

6.1.3.2 产品管理能力

民宿的产品力的表现形式和酒店一样,包括地段、装修、服务。地段和装修,很难去改变,但是服务可以通过人去改变。作为一家民宿的店长,需要从产品思维出发,基于民宿的基本情况,从民宿的卫生、接待水平、服务的积极性等入手,为客人提供较好的入住体验,才能为民宿的品牌、营收赋能。

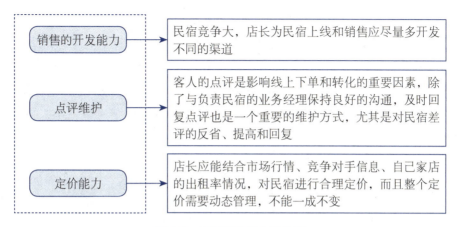

图6-3 店长销售能力的体现

6.1.3.3 成本意识

民宿经营成本最大的是人力成本,而清洁、接待等服务需要依靠人力去完成。人力成本和服务水平是一对矛盾,店长应通过提高员工的工作积极性、提高民宿的入住率来实现民宿和员工的双赢。

 相关链接

> ### 民宿店长要做"八心人"
>
> 民宿经营管理是一个比较烦琐和复杂的工程,如果店长没有一颗对民宿客栈热爱的心,没有对老板和工作负责任的心,那是不可能做好门店管理工作的,也就更谈不上能为老板创造利润,因此,要想管好一家民宿,店长必须要做个有心人。那么,作为一名合格的民宿客栈的店长,到底要具备哪几个心呢,具体如下。
>
> **1.责任心——体现在主人意识**
>
> 民宿的经营管理即是根据业主的要求,以盈利为唯一目标去执行、落实民宿的各项具体管理工作。
>
> 管理是一个既要依靠人力,又要配合硬件设施的使用来为住客提供满意服务的一项能力。店长要投入精力,培训和教育、检查员工在日常工作中应具备的工作流程、服务标准、管理制度和细节上的具体事项。
>
> 责任心决定未来,如果一名店长有责任心的话,不仅会把一家民宿当成自

己的店来安排日常工作，而且对于老板的指令要求也会执行得非常顺利，没有任何误差，其工作计划也一定具有高瞻远瞩性，那么做出的工作成绩也一定会被认可。

民宿经营需要有责任心和敢于承担责任的人，更需要有责任心的管理团队。

2. 上心——体现在细节中

细节，对于民宿的经营管理，要始终贯穿于店长日常的决策、指挥、组织、管理、落实之中，随时随地都要自主体现，民宿店长的工作不应该建立在不断被动催促下被动完成。

所谓上心，即细节管理不由自主深入从业者的每一个人心中，这是一种自觉良好的习惯，不是为了形式化的假上心。

3. 细心——落实在执行中

管理的方式不要局限和拘泥于形式，但要遵守企业的规定，特别对于服务管理工作更应做到实处，讲究实际。执行是一个过程，落实是执行的保障。

每一位民宿店长要多问自己做到了吗？做了多少？能不能再提高？能不能再深入挖潜？以提升民宿客栈精炼品牌价值和服务价值。

细心即为在日常工作中高效执行和保障效果，处处以门店的要求和标准提前做好、做到位、做到精确化，站在全局性和全局高度上去思考。

4. 恒心——体现于持久

希望更好地完成工作不但需要我们花费时间和精力，更需要我们拥有一颗恒心，所谓：贵在坚持，持之以恒，久即是耐力！

如果连最基本的恒心都没有，那么你的发展步伐和门店规划根本没有办法保持一致，而且你的工作也不会做得细致、精确、到位。

5. 诚心——用于交流

及时的沟通交流能避免工作中走弯路、出问题，思想一致，执行率高。同时也要讲究交流的方式，直接的批评易产生冲突和矛盾，导致员工心理的反差，只为了执行而不去思考就下决定是不负责的表现。

批评的目的本身就是改变失误和降低出错，举一反三，不让其他人员犯同样的错误，并不是不问青红皂白就处罚，这样一来，员工的心理反差就大，得不偿失。但是，也可通过这些矛盾看问题，看一个人的工作、沟通、协调能力是不是能面面俱位。

特别对于外向性格和内向性格及兼并型性格的员工，要分不同的场合进行批评、表扬、教育、督导。因为，有两个人的地方就会存在矛盾，有人的地方就复杂，但就这些问题都能够通过良好的沟通去解决，沟通也是需要不断磨合的。

6. 求知心——不满足于现状

所谓"满招损，谦受益"。作为店长应该不断地学习民宿产品知识和提高专业知识技能。没有进步便是退步，对于店长来说，不应满足现状而停滞不前，应该向更高的标准严格要求自己上进。要紧跟门店的发展，要适应大环境，从大处着眼，从细微之处入手，向更优秀的同行和专业人士学习，关注并帮助员工树立职业规划，开展评比竞争活动，凝聚员工的归属感和树立服务价值观，树立岗位标兵标杆，储备更优秀的人才，否则将面临激烈竞争的市场的淘汰。

7. 理解心——善于换位思考

无规矩不成方圆，作为店长，在工作和生活中可能会被很多的条条框框束缚，当你因此而抱怨时，应站在门店和他人的立场上换位思考一下，相互间多一分理解就会少十分矛盾。

不难发现，很多事情因为没有换位思考，各项工作发展的不是那么顺利而怨声载道。反之，换位思考就是要大家互相理解和产生共鸣，保障门店各项工作不扯皮、不拖延、不推诿，顺利开展。

8. 协调心——团队意识

一个单独的个体无法发挥他的最大能量，只有大家相互配合才能创造奇迹。各岗位人员要提前将计划内的大小事情列表，按照既定计划日期协调沟通并有序地开展且高效执行。

人与人之间应该是紧密合作的，谨记住一切的合作都是为了门店的良好发展。不要偏执某一观点是否绝对正确，因为任何事情都不是绝对的。要想一想在这个岗位上为民宿、为部门、为员工做了多少，是碌碌无为、平平庸庸，还是积极为大局着想，想尽办法去主动做事情，做一些有意义的事情。

6.2 团队的管理

俗话说:"得民心者得天下"。一个好的团队,应该做到以人为本,这样才能使团队和个人双获益。

6.2.1 建立团队内部标准流程

民宿运营中,问题其实是无处不在、无时不在的,在这当中,一套逐步建立且持续改善的内部标准流程就十分必须了。民宿经营者要妥善处理好内部流程标准化与鼓励每一位成员主动的充分发挥自己个性魅力之间的关系,让客人们感受到有着鲜明个体温度的高品质的服务,被真实地打动到,这其实也是培养高黏性客群的有效方式之一。

那内部流程该如何优化呢?在加入团队之后,需要让成员们慢慢融入到团队之中,融入到日常的工作生活当中。这会依次地经过以下过程。

第一步,要让他感知到我们的服务理念,认知目标、规范和标准。

第二步,可向团队成员提供各项培训,令其学习技能,通过实操来检验和总结,达到标准。

比如,"山舍"就鼓励员工轮岗学习,每一位员工都有机会学习到管家服务、沟通艺术、咖啡制作、问题处理等方法或技能。山舍希望每一个人都是多面手,并且始终保持吸收新知识,全面学习成长的状态。在学习的过程中,山舍将会接收到每一位成员宝贵的思想碰撞与思考,并可以提炼进服务体系中。

6.2.2 挖掘员工的潜能

员工招聘到之后,重要的是团队默契的培养和工作能力的升级,即员工技能潜能的挖掘和维护。那么,民宿经营者在这方面应该如何引导和培养,从而提升员工的个人能力,进而发掘出他们更多的潜能,让民宿更好的发展呢?具体可参考图6-4所示的技巧。

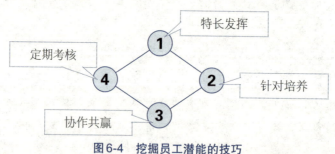

图6-4 挖掘员工潜能的技巧

6.2.2.1 特长发挥

民宿经营者在招聘员工的初期会通过沟通来了解到他们的兴趣和特长所在,即一些除了本职工作以外的其他技能或能力,比如弹唱、手工、舞蹈等,这些能力和特长或许在他们应聘的工作中不需要体现,但是作为他们个人能力的一项,经营者也可以采取鼓励激励的方式让他们发挥所长。

民宿的工作不同于其他的职业,每天都要面对不同的人群,有时候一些优秀的个人技能也可以成为和住客沟通交流的好渠道,提升民宿的整体温度,拉近距离。

经营者可以鼓励有能力的员工多发挥自己各方面的特长,更好地和住客相处,同时也给员工才艺展示发挥的机会,适当的还可以给予待遇上的奖励,调动积极性,让民宿的整体氛围更加和谐,员工之间的相处也更加融洽。

6.2.2.2 针对培养

对于不同职位的员工,经营者要分别给予他们不同的培养方向,制定不一样的目标,针对他们的职位给予不同的要求和任务。

比如,对于民宿客服而言,更需要着重注意的是他们的语言表达、逻辑思维以及随机应变的能力,而对于民宿接待员工而言,除了以上这些之外,个人仪表、待人接物的态度等都需要有更严格的要求。

所以,针对民宿内不同的职位,经营者不仅需要前期找到最符合该职位的员工,还需要在此基础上进行更加专业的培训和引导,让他们在各自的岗位上做到最好。

6.2.2.3 协作共赢

民宿团队与其他企业的团队相比,由于行业的特殊性导致员工之间相处合作的时间和机会更多,所以对团队整体的融洽和协作能力要求也就更加严格,这一点不仅需要经营者在前期招聘时就考虑到员工性格因素,尽可能地招收志同道合的人,也需要大家在后期进行更加专业的团队意识培养。

经营者可以在民宿内日常的经营和一些特定的培训中,有意识地引导和培养员工的团队协助能力,让他们从日常的工作中了解到团队合作的重要性,培养集体意识。侧面可以多多组织一些集体的培训和团建活动,有组织地培养感情和默契,更好地为民宿服务。

6.2.2.4 定期考核

有意识地培养和潜能发掘总是会有一些成效的,任何付出都会有回报,当然检测回报和员工能力提升的方法中,最直接有效的就是考核。

经营者可以自行设置一个时间节点，可以是按照月份、季度甚至是年份划分，每一个节点结束之后统一进行深度的考核，对个人工作技能、特长、团队合作等方面进行审查，检验他们的进步和缺漏，从而了解到可能出现的问题或已经存在的问题，及时进行更正指导，让个人和团队都得到良好发展，从而给民宿带来更高的效益。

6.2.3 留住员工的策略

对于民宿而言，员工频繁的离职不仅会造成团队溃散的情况，还很容易影响到民宿的发展。因此，民宿经营者应采取相应的策略来留住员工，降低员工的离职率。具体策略如图6-5所示。

图6-5 留住员工的策略

6.2.3.1 相处融洽

要降低民宿员工的离职率，首先就是要让他们从情感上产生一个依赖感，这里指的"依赖感"也就是员工与员工、员工与老板、员工与房客之间的一种相处融洽，当然这里最主要的还是员工团队的和谐程度。

民宿团队是一个需要多人一起朝夕相处、协同工作的团队，所以默契和融洽就显得更加重要，老板在招聘员工入职的时候就应该考虑到这方面，尽量招聘志趣相投、性情相似的人来做这部分工作，在某些方面也可以选择性格互补的员工一同协作，增加团队的整体度，培养相互之间的默契感，给员工有温度有感情的工作，让员工和老板共同成长进步。

6.2.3.2 适当管理

"没有规矩不成方圆"。任何工作都需要有一套严密的流程和规则来进行束缚，在有限的空间内达成足够多的工作效益，民宿团队亦然。

民宿经营者应该提前制定好关于民宿员工的活动章程，具体明确到每一个岗位需要负责的事宜，无论事情大小都进行具体化的分配。关于民宿员工的奖惩制度也要严格执行并以身作则，老板和员工在制度上保持统一，营造出和谐专业的工作氛围。在必要的时候对工作态度好的员工进行必要的嘉奖，以及对犯下错误的员工进行适当的惩处，不仅可以让整个团队更为迅速的成长，还可以有效提高整体团队的融合度，让员工有更强的集体意识。

6.2.3.3　定期培训

时代是不断发展变化的，每个行业也必然随之改变，所以让民宿的员工及时进行新鲜技能的植入，多多进行专业的技能培训，也是经营者所需要尽的责任与义务。

经营者应该给民宿设立一个专门的培训机制，在需要的时候给员工及时而专业的培训，培养他们的学习意识，从而更好地为民宿服务；另外，给员工类型繁多的学习机会，也从本质上给予了他们更多的益处，让他们本身的技能更加娴熟和稳定，从而让他们对民宿产生极大好感，进而有效降低民宿的员工离职率。

6.2.3.4　待遇公正

员工选择来民宿应聘工作，除了对行业的兴趣之外，相信大部分人还是会看中待遇和前景，这一点无可厚非。

那么对于民宿员工而言，如果给的待遇与周边民宿相差过大，或者根本没有达到应聘期间的承诺（包括奖金、休息时间、基本薪资等），不仅会给员工非常不好的印象，直接导致离职的情绪产生，还会给民宿带来非常严峻的诚信危机。因此，经营者在招聘员工谈到待遇的时候，有必要了解整体的市场行情，然后根据民宿本身的情况有选择性地提高或降低某些方面的基本待遇，整体上保持一个基本的平衡。另外，无论后期民宿发展如何，在招聘初期承诺给到的员工待遇一定要给到，不可以出现诚信方面的问题，消耗信任。

6.2.3.5　福利保障

这里的福利保障，不仅仅指的是国家规定的一些必要的福利，还有民宿单独给予员工的小福利。

可以在条件允许的情况下，给予员工一些实际的福利，比如民宿的代金券、家属折扣等，让他们能够享受到一些工作带来的其他福利。

另外，经营者也可以多组织一些员工的集体活动，在培养团队精神的同时给员工一些旅游出行的福利，在欢快的情绪中获得更好的工作体验，进而促使民宿有效留住人才，保障团队的基本稳定。

6.2.3.6 合伙赋能

一个人会持久并且百分百用全力的时候,那一定是做自己的事情的时候。怎样让员工把这家民宿当作自己的事业,一个方法是金钱,另一个就是权力。

若民宿效益可观,可根据情况承诺年终分红;若是效益不佳,可以考虑权力赋能。经营者千万不要只是把员工当做执行者,要让他们真正参与到民宿的运营中来。

开店指南

取决员工去留的是薪资,但对于有梦想且干劲十足的年轻员工来说,赋予其权力,给予其机会,让他去创造比给予其金钱更有价值。

第7章 产品定价

导言

民宿定价,看似简单,实则掌控着整个民宿的命门,民宿的定价从一定程度上决定了民宿的收益以及利润,并且,不合适的定价也会引起预订房客的不满,从而降低整体的订单率。

本章导视图

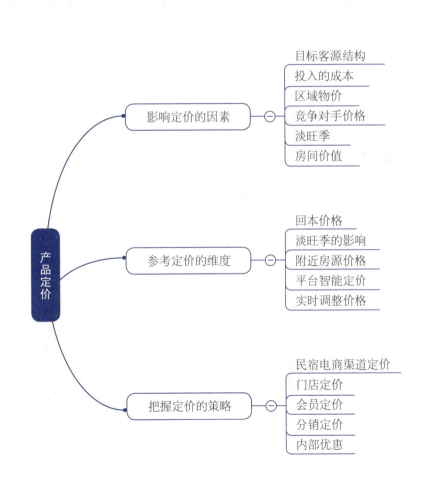

7.1 影响定价的因素

对于民宿来说,过高或者过低的定价都会给其带来不同的损害,打乱整体的节奏。因此,民宿经营者就要调整好民宿的价格区间,做好合理合适的定价工作。一般来说,影响民宿定价的因素主要有以下6点。

7.1.1 目标客源结构

在做民宿之前,相信大家都谨慎地考虑过自己民宿的定位,是高端奢华还是经济舒适,是文艺清新还是实用家常。可以说,你对房宿的定位决定了你的目标人群,如果你想用足够低的价格来抢夺所有层次的客源,那基本是不可能的。

低房价往往吸引到的是一些低净值的客人,这部分人群对价格是非常敏感的,一旦房客结构形成,这时候你就只能不断地压低价格去迎合他们,陷入与周围低价房源比价的怪圈中去,到最后两败俱伤。

反过来,如果房价过高,最直观的结果就是没有订单,如果你的民宿资源不足以匹配这个价格,往往不能达到沉淀客源的效果,同样是恶性循环。

因此,民宿经营者在对房源定价时,要充分考虑自身房源条件和目标客源,制定合理的、具有吸引力的价格,同时将一些低净值人群挡在价格线上,通过定价帮自己筛选到最适合的客源。

目标客源的定位来自于对民宿类型的定位。不要想着用一个房型去吸纳各个类型层次的客源,在住宿市场这基本上是不可能出现的。

比如,你的民宿开在大学城附近,针对的是学生群体,那配套设施就应该考虑高速稳定的Wi-Fi、增值感很强的投影、KTV设备或游戏机设备、网红火热款装饰风格等。定价上就要考虑学生的消费能力,基本对于学生而言消费水平大都处在中上水平,定价也应在旺季达到200～400元/天这样的合理价位。

> **开店指南**
>
> 民宿定价时应该做到充分考虑目标客源和自身房源条件,根据这个层次人群的消费能力、消费习惯来制定出合理且具有吸引力的价格。

7.1.2 投入的成本

你的民宿房源是自己的还是租来的?这个租金或者购房资金无疑是最大的成

本，当然，你还要考虑你的装修、布置、日用品、床品、水电网、燃气、保洁等的消耗成本。

如果通过平台获取订单，一定要加入付给平台的佣金或者其他宣传的成本。把所有投入计算清楚，保证定价高于成本，你的民宿才能盈利。

因此，比较合理的定价计算方法是，房源每月出租10~15天的收益，能够覆盖房源本月的所有成本。按照这个标准，是足够你获得一份不错收入的。

7.1.3 区域物价

从宏观的角度来看，民宿作为区域内部的消费环节，其定价首先要考虑的就是该区域的整体消费标准，这一点将根据城市的等级、物价以及整体人均消费水平来定。

经营者在选择某一个城市来发展民宿的时候，首先要做的一定就是对城市具体的了解，这不仅仅包括城市的整体水平，还有当前民宿所在位置的地段、交通等方面的区别，从而根据整体的情况来进行一个价格区间的制定，进而对民宿的具体定价有一个初步的了解，更好更合理地完成民宿最终定价方案。

7.1.4 竞争对手价格

你的民宿周边一定也存在其他民宿，那么他们的价格范围是怎样的呢？这一点你必须要了如指掌。市场存在竞争，每个房源的具体竞争对手是它周边的房源，一定要时常关注周边民宿的价格，合理设置自己的定价。

民宿经营者可以适当参考竞争对手价格，一定不要陷入价格战泥潭，相信品质决定价值。如果你的民宿品质明显优于周边房源，可以允许自己的价格稍微高些，不过要适当修改调整，以订单量不会减少为宜。

7.1.5 淡旺季

民宿的淡旺季和旅游的高低峰趋势是息息相关的，一般城市游旺季是每年5月至10月，淡季则是每年的11月到次年的4月。虽然可能会有一些突发因素（比如开学季、某个景点突然爆火等）造成一些波动，但整体形势不会有大的变化。

在旺季，民宿房源的价格相较于淡季普遍会上涨20%～50%，订单量可能还会源源不断，但从旺季到淡季，订单量会大幅下跌，价格也普遍较低。开一年民宿却只有半年赚钱的情况也可能发生，这时候就需要民宿经营者用优质的服务和有吸引力的价格来争抢有限客源了。旺季是民宿盈利的好机会，可以根据入住率、空房率来调整价格，适当调高价格，毕竟民宿行业属于低频行业，一般情况下入住的客人就住这一次，保证入住的质量，适当调高价格也是可以接受的。

在淡季，能运营好不亏本就是最好状态了，这个时候就是做口碑、提高民宿好评率的时候了。

> 民宿定价应该放眼全年来设计，避免鼠目寸光，考虑到淡季客少的成本，但也不能漫天要价，避免旺季订单量不高、好评率下降、房源排名下降等不利影响。

7.1.6 房间价值

房间价值指的是房间本身的质量，包括大小、软硬装修、内部设施、服务等，经营者需要根据房间本身的质量，来进行价格方面的提升与降低。

当然，经营者也可以根据民宿自身的条件，设置不同的房间类型，内部的设施和布置做对应的调整，以此来满足不同房客的需求，增加选择的余地。如果民宿本身质量很高，价格自然也就上升，档次稍微低一些，价格自然也就降下来了，对不同类型的房间做不同的价格调控，也是房东在制定价格的同时应该考虑的内容。

对于民宿经营者来说，切勿一再调低价格，低价房往往能吸引一些对价格十分敏感的低净值客人，这样很容易让这部分客人成为你的主要客源，一旦你调高一点点价格，这部分对价格十分敏感的客人也会放弃入住你的民宿，这个时候你只能不断地压低价格，以妥协的姿态去迎合他们，不仅不能盈利，还没办法达到沉淀客源的效果，对民宿的发展十分不利。

7.2 参考定价的维度

合理定价需要从多个维度进行思考，这是一个系统的工程，每一个维度都有可能会对未来的营业带来一定影响。对于民宿来说，通常制定一个合理的价格需要尽可能考虑以下五个维度。

7.2.1 回本价格

首先，我们在一开始需要明确我们的前期成本投入是多少。行业内的标准是6～8个月内回本，我们在一开始不宜贪快，应尽量设定合理的回本价格。

比如，前期装修成本3万元，每月租金要3000元，要想在6个月内达到收益2万元，则每月需要净利润5000元左右。扣掉月租金3000元及水电费、清洁费、平台抽成，那么每月的订单总额应在9000元左右，就可以满足半年左右回本。如果这样计算的话，那么房费定价300元每晚，就可以达到这一目标。

当然了，这是最理想的状态，是预想每晚都有人订房，而通常入住率达到百分之八十左右就已经算良好，那么如果不能保证入住率百分百，又想在半年内回本，就需要在房源质量以及价格上做文章。

7.2.2 淡旺季的影响

淡旺季对价格也会产生较大的影响，所以民宿经营者需要了解自己的房间是否有明显的淡旺季，是否对周围人群是刚需。

如果附近有地铁站、高校、大型批发市场，总之就是不与传统的旅游出游目标重合，那么可能受淡旺季的影响就会小很多，在淡季也可以不用下调很多的金额，入住率也有一定的保证。如果民宿身处当地旅游景点，那么就要做好在淡季可能一个月也没有几单生意的准备，就需要在旺季制定较高的价格来补贴淡季的亏损。

7.2.3 附近房源价格

一个好的房源定价需要参考身边其他房源的价格，通过各种平台搜索自己地理位置附近的房源，看一下别的民宿定价多少，以及这个定价下房源入住率是多少，加上对比自己的房间装修与其他房源孰好孰坏，就可以得出自己的价格应该设定在哪一个区间。

7.2.4 平台智能定价

既然说起制定价格，那么平台智能定价就是一个不可不说的功能，类似Airbnb（爱彼迎）的智能定价，首先由经营者设定可以接受的价格区间，再由平台智能分析来确定房源价格多少合适，可以说是帮助经营者节省了一部分的负担。但是在一定程度上，智能定价还存在着一些争议，不少经营者也有反映说智能定价总是以超低价格将房源出租，所以如果使用智能定价，应尽量将底价调高，最高价设定为节假日的热门价格。

7.2.5 实时调整价格

房源价格的制定不是一劳永逸的，所以需要民宿经营者实时进行调整。

（1）尾房处理。比如说在当天还有空房，那就应该调低些价格，并且在多个时间段修改，一次比一次低，力求房源可以出租出去。

（2）节假日上调价格。节假日可谓是民宿经营者追求盈利的最佳时期，因为在节假日，当天价格涨幅基本可以达到百分之五十，甚至一些位于爆满旅游景点的民宿达到百分之百的涨幅还供不应求，所以需要至少在半个月之前就设定节假日的价格。

7.3 把握定价的策略

利用价格的调整来引导民宿产品的营销，相对于产品策略和渠道策略来说，往往是最为简单粗暴又直接有效的。对于每一件民宿产品来说，价格敏感度又各有不同。每一个理性成功的民宿经营者，都有自己的一套定价策略。

7.3.1 民宿电商渠道定价

旅客在计划行程的时候，通常都会到旅游在线电商平台找客房，在没有到过民宿的情况下，想了解民宿及客房情况，电商平台是最好的选择，信息量大，加上专业平台的信息精准，交易环节规范，效率也就高很多。因此，大多数民宿都会选择旅游在线电商销售渠道，获取精准用户。

由于平台的规则是公开透明的，旅客在电商平台上找房源的时候，搜索一下关键词，出来的相关信息一目了然，其中客房价格是一个非常敏感的数字，标得过高或过低，都可能造成客户的流失。

因此，在给客房定价的时候，应该对民宿周边的房价有所了解。除此之外，详情页里面再编辑一些你店面的特色、增值业务、礼包等信息，以此来吸引旅客。还有一点，旅客给你民宿设施及服务的评分高不高，也是影响转化率的关键。

7.3.2 门店定价

到店价格通常会标得比较高，那是因为当这位客人走到民宿的时候，他带着大包小包去找下一家未必就很方便，加上选择的参考信息有限，一般情况下，价格比较高的时候他也是可以接受的。

同时，你并不希望每天靠这些上门客来维持民宿的正常运转，因为这些客群不是你的目标客群，流量也不稳定，今天民宿接待了5位这样的客人，那未必明天还会有这么多的客人到达。如果到店旅客上网搜索房源时，再做调整和变通也来得及。

所以，在你对客群分类时，到店客群以取利为主，你可以把民宿的门店价格定高一点。

7.3.3 会员定价

和酒店一样，民宿的会员系统还是十分必要的，比如已经入住过民宿的旅客、老板的亲朋好友、民宿周边的人群及周边企业等，都可以发展为会员。

民宿生意好的时候，也许你会觉得无所谓，加上民宿的体量比较小，客户也是一个非常小众的人群，每天很容易就把几间客房卖出去了。但是，遇到淡季，生意不好的时候，这个会员系统就有帮助了。

会员价格可以是折扣、积分、优惠券等方式来补偿，使民宿的入住率保持平稳。

由散客转化为会员要让客人易于接受，千万杜绝填写各种复杂的表格和过高的售价。

比如，散客房费200元，会员180元，会员卡卖20元或更高，这就不利于散客转化。如果散客房费为220元，客人只需要关注二维码即可成为会员，享受会员价180元，这就利于转化。

7.3.4 分销定价

在做好价格管理系统之后，民宿客房销售渠道当然是越多越好，比如针对旅行社、导游等这些接触旅客的人群，是民宿客房销售一个很好的销售渠道。特别是利润空间较大、房间比较多的民宿，多一个分销渠道，对提升民宿的入住率非常有帮助。

所以，在你建立民宿销售系统的时候，多渠道分销是必须考虑的。

7.3.5 内部优惠

内部优惠的对象主要包括民宿员工需求、股东需求，还有老板亲友的需求。有了这样一个内部优惠价格，当内部需求出现的时候，既避免了一分不少收钱的尴尬，也避免了不好意思要钱的慷慨。

如果之前没有这些优惠计划，当旅客出现在你面前时，收钱、不收钱都感觉不妥当。如果之前有这样一个内部优惠计划，在遇到这些突发情况的时候时，有章可循，使得你应对起来也就自如和从容。

第 8 章
成本管理

导言

　　成本管理有利于实现民宿利润最大化,从而提高民宿在区域、行业内的竞争力。成本管理不是简单的缩减,而是在保证质量并且能够提高质量的情况下,对人力、物力使用进行科学梳理调整,提高综合利用率。

本章导视图

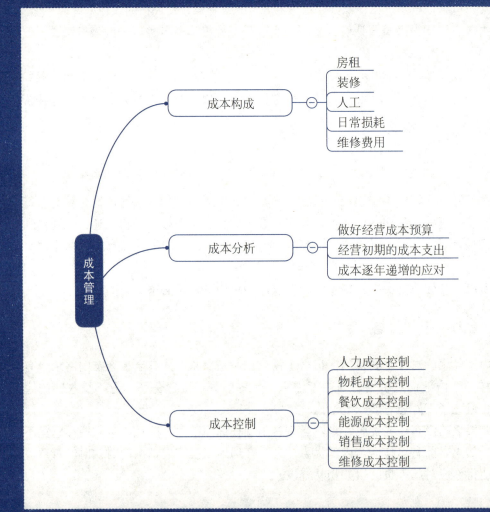

8.1 成本构成

民宿成本的构成主要是由房租成本、装修成本、人工成本、日常损耗及维修费用等组成。

8.1.1 房租

就算民宿是自己的闲置房,自己就是房东、业主,那在成本里还是要算房租的,因为房屋拥有自己的本身价值,即便是闲置,也不代表没有成本。而租用房子来做民宿,那房租成本就更不用说了。

根据对桂林、西安、成都、杭州、温州、丽江、大理、厦门、三亚等城市的调研数据来看,房租一般占到营业额 1/6 ~ 1/5。

8.1.2 装修

装修是一笔非常大的投入,民宿经营者在成本计算时应把装修费用总数均摊到经营期内去做几年的均摊,并且在进行成本预算的时候,要估算好装修成本回收期。一般来说,装修成本的回收期定在 3 ~ 5 年之间比较合理,在此情况下,装修投入的这部分费用不管是按利率计算,还是按照其他项目的投资对比来看,都较为合理。如果回收期超过 5 年,基本上就没有什么利润或者是收益可言了。

8.1.3 人工

很多人是打算自己与家人来经营民宿,并不打算雇请外人,这样的话人工成本是否等于零呢?实际上这和房租是一个道理,全家人都投入到民宿经营里以后,人的价值也应该有所体现,不能因为是自家人就可以不去算人工成本,不算工资和奖金,仅仅只是依靠一个营业利润来获得生活费用。在把民宿当成一个事业来做的时候,显然这样是不合理的。

8.1.4 日常损耗

日耗要分几个部分,比如洗发水、沐浴露,甚至部分民宿会提供香氛、香水、洗面奶、香薰,还有一次性的牙膏、牙刷,包括布草送洗,这些都是经营中的日常损耗。

8.1.5 维修费用

这一部分包括各类电器、家具及房屋的维修费用。

8.2 成本分析

8.2.1 做好经营成本预算

一般而言民宿经营成本的预算应该注意以下4点。

（1）最好把所有成本按照均摊的方式，摊到每一个客房、每一个营业日上，这样就能了解每一间客房、每一天的运营成本是多少，在制定价格时就可以有一个最基础的保障，知道一间房卖多少钱能保本不亏。

要知道，高的入住率并不等于有高的利润。因为如果你连每一间客房、每一天的经营成本都不知道，即使你的入住率很高，但是因为定价低于成本，你就是亏本的，而且卖的越多亏得越多。

（2）在进行成本预算的时候，要估算好装修成本回收期。一般来说，装修成本的回收期定在3～5年之间比较合理。

（3）进行成本预算时应该选用一些能够持续长久使用的物品，尽可能地去选择一些被回收的时候还能够保值的物品来进行装修和装饰。现在有很多民宿在装修选材时并没有考虑到材料的耐用性，这样对于以后的经营支出会有很大影响。既要注重保值，又要注重耐用性。

（4）很多人在做成本核算的时候并没有把房租的递增算进去，经营者在做核算的时候最好能把所有租期的房租平均分摊计算，这样得出的成本才是有效的。

8.2.2 经营初期的成本支出

（1）在成本支出初期，经营者应多观察少掏钱，因为在所有的资本投入之前，都还有改正的机会。

（2）个人主观的东西不要太多，不能把所有的空间都弄得带有过多个人喜好的色彩，这是我们最需要避免的误区。

（3）不要不合时宜地去添置物品，有些物品添置可能会因为季节、环境、地域文化的不同产生一些反作用。

（4）如果你经营的民宿最终成了旅行目的地，那你所要展现给消费者、旅行者的一定是带有地方特色的经营体，或者说是含有这个地方特色的经营体。因此，民宿经营者应尽可能地减少一些不必要的主题设置，而是真正从消费人群的定位去做初期成本的支出，把成本的投入先放到人的基本诉求上面来。

（5）现在有很多经营者会在新媒体上做一些付费的、提高自己知名度的曝光行为，对此操作最好还是要有所选择。在经营初期还不清楚自身情况，不确定经营状况的时候，尽可能不要着急宣传自己，让消费者产生过高的期望会对自己的后期经营不利。

8.2.3 成本逐年递增的应对

（1）在筹备期做好支出调研非常有必要，在每一个季度的经营期也要做好下一个季度的成本支出预算及核算，这有助于我们在经营过程中少花钱、少乱花钱。

（2）千万不要随波逐流，很多经营者看到周边的同行添置了一个东西之后会觉得很不错我也去买一个，却不考虑物品对自己房子的实用性。对于民宿来说，每增加一项成本投入实际上都应根据房屋的状况来考虑，如果房屋本身承受不了某些物品的添加，增添之后其实是在给自己的资金和房屋增加负担，就没有必要跟风添加了。

（3）经营者应多从住客的消费习惯去考虑成本的支出和物品的添置，要多和客人对话，了解他们的消费习惯，这样在成本的支出和控制上就能有明显的效果。

（4）经营者可以在软性的成本支出上做增加，不要一而再、再而三地在硬件上来做过多的投入。这里的软性不单是软装，不单是供给客人一些精油、咖啡、茶之类的物品，还要从人工的角度去考虑。现在有很多的经营者往往都是在硬性的成本支出上面考量过多，而没有在店员或人才这些软性成本支出上进行考量，导致行业人才紧缺。一间民宿房子如果没有人才支撑，就是一个没有灵魂的经营体。

> 💡 **开店指南**
>
> 经营者最好能把身边的同事、伙伴培养起来，给予他们足够多的薪资待遇、福利，可能对你店里的总体成本的控制或者是利润的实现都会有很好的帮助。

8.3 成本控制

8.3.1 人力成本控制

8.3.1.1 成本范围

民宿人力成本包括人员薪酬成本、人员生活成本（吃住、日常生活用品购买等）、人员福利成本（缴纳五险一金、过节福利等）。

8.3.1.2 常见问题

（1）人员数量冗余。人员数量冗余体现在人员岗位重叠化，人浮于事。如一个岗位有一个人胜任就足够，但是会出现两到三个人同时在一个岗位工作。如果多出一个员工，假设每个月薪酬2500元，那么一年下来就要多支出30000元，这还不包括其他成本支出。对于体量小的民宿，这笔钱不是一个小的数目。

（2）人员职业能力较弱。人员职业能力较弱体现在工作能力较弱。如前台只会做一些简单接待，而不会做诸如打扫卫生、网络推广营销、设备简单维修等其他事情。民宿不同于酒店，在酒店各个岗位都有专门的人员负责，而在民宿中，往往就是一人多职，这就需要民宿的工作人员有较高的工作能力。

（3）淡旺季人员数量无差别。在淡旺季，客人数量会发生明显变化，如旺季可能每天有90%甚至100%的入住率，到了淡季，入住率可能一下跌倒40%、50%。这个时候，对于打扫房间的人员就不需那么多，旺季需要4个人而淡季只需2个人就可以轻松胜任了。

8.3.1.3 解决方法

（1）优化人员架构体系，精简人员。通过对每个岗位工作量、淡旺季分析，在保证服务和工作质量不变情况下，优化人员架构体系，精简现有人员，从而减少薪酬支出，达到人员成本控制。

（2）提高员工综合素质，加强员工培训，提高工作能力，使之由工作一面手变成多面手，从而减少对员工数量的需求。把每一个员工打造成能接待客人、能网络推广、能维修设施、会打扫卫生等全能角色。

（3）制定合理的薪酬方案。很多民宿采取传统单一的固定工资薪酬体系。这种体系的弊端很明显，旺季时民宿盈利较多，员工付出多，工资没变，这会打击到员工积极性。淡季时候，民宿挣得少，员工付出相对较少，工资依然不变，这会影响民宿利润。民宿经营者可以采用基本工资+绩效工资+福利这种薪酬体系。这种形式更加多样灵活，多劳多得、能者多得，能够极大激发员工的积极性，从而能够提高工作效率，创造出更多利润。

（4）淡旺季人员合理安排，减少人员成本支出。由于淡旺季客流量的差别，对应则是淡旺季工作量的差别，尤其体现在客房打扫卫生人员数量上。对于这种差别，要灵活安排人员。

比如，旺季在保证现有人员不变情况下，可以通过兼职形式来招聘打扫人员，或者通过时间调整，安排其他人员一起打扫。

(5)建立健全财务监管体系,防止出现财务上的漏洞。

8.3.2 物耗成本控制

物耗成本涉及范围较广,是成本控制中可控空间最大的一个。物耗成本如果进行合理有效的控制,能够最大限度地提高利润空间。

8.3.2.1 成本范围

物耗成本主要包括客房耗品、日常用品等。

8.3.2.2 常见问题

(1)采购:采购制度、方法不完善。
(2)使用:使用制度、方法不合理,浪费现象较为严重。
(3)缺少对物耗成本统计分析,对耗品价格及使用数量不敏感。
(4)设备设施陈旧落后。
(5)缺乏有效的执行力。
(6)节约意识薄弱,缺乏节约理念宣传。

8.3.2.3 解决方法

在整体上形成一套采购、使用流程制度,加强耗品数据统计分析,提高人员节约意识。

对于客房耗品,可以采取以下控制措施。

(1)在不影响房间入住体验感情况下,根据价格、淡旺季情况搭配不同耗品(数量、质量)。

比如,房间价格较高情况下,房间易耗品可以放置六件套甚至十件套,如牙膏、牙刷、沐浴露、洗发露、护发素、润肤露、浴帽、针线包、鞋擦、梳子、剃须刀、护理包等。在质量上,可以选择小瓶装的品牌产品。在淡季价格低时,减少易耗品套装数量。一些易耗品可以放在前台,客人有需要则到前台来取。在质量上,可以换成价格较低、使用时间长的大瓶装。

(2)根据民宿文化理念及其所处位置,选择使用易耗品。如一些处在海边的民宿,倡导保护环境、不使用一次性耗品,对此客人也能够理解,从而节省了部分易耗品的支出费用。

8.3.3 餐饮成本控制

民宿收入构成中,餐饮收入占比很大。餐饮成本的控制直接影响到餐饮的营业收入和利润，进而影响到客栈民宿的整体收入。

8.3.3.1　成本范围

餐饮成本控制范围包括食材调料费用、设备折旧费用等，涵盖采购、库存、发放、粗加工、切配、烹饪、服务、结账收款等环节，每一个环节都会影响到成本。

8.3.3.2　常见问题

（1）食材采购数量控制不当。
（2）食材价格供应不稳。
（3）食材浪费现象严重。

8.3.3.3　解决方法

（1）制定合理采购标准。采购人员应熟悉食材及周边市场动态变化。食材最好就地选购，减少运输成本。如果采购量大，挑选合适的供应商，建立长期合作关系，保证食材供应稳定及食材价格低于市场价格。做好库存管理，库存不当，则会引起食物变质等情况。
（2）在每天需求量少的情况下，减少库存数量，做到当天定量采购。
（3）制定早餐提供时间表，制定早餐提供的种类。早餐提供的种类要灵活多变，在保证食物质量的前提下，根据季节及食物价格，灵活更新早餐提供种类。
（4）量化食物，做到某些食物提供量与客人数量对应。
（5）在餐桌上张贴"节约食物"等宣传标语，提醒客人不要浪费。
（6）根据每天客人剩余食物量做数据统计分析，选择更换食物种类及数量。

比如，规定每天每人两个鸡蛋，几个月的数据表明，80%的客人每天只吃一个鸡蛋，那么接下来就可以更换鸡蛋的供应量了。

8.3.4　能源成本控制

8.3.4.1　成本范围

水、电、燃气每年费用支出会占到民宿支出的很大一部分。在水、电、气费用不变甚至上升的情况下，只有合理、节约使用，才能降低成本支出，从而实现成本控制。

8.3.4.2　常见问题

（1）能源浪费严重。
（2）能源使用没有规划制度。
（3）由于设备因素影响，造成能源消耗量大。

8.3.4.3 解决方法

（1）总体上制定合理规划的能源使用规则，杜绝浪费能源，提高客人和员工节约使用水、电、气的意识。

（2）根据季节、天日长短调整晚上亮灯时间及亮灯位置。

比如，走廊、大厅、招牌等亮灯时间，夏季可安排在19:00，冬季可安排在18:00；23:00熄灭公共空间部分灯；24:00熄灭除走廊以外所有的灯；早上7:00熄灭走廊灯。

（3）客房及公共空间放置提醒节约用水用电的牌子。

（4）根据情况，更新更换大功率用水用电设备。虽然短时间内造成成本支出，但从长远来看，则减少了能源消耗的成本支出。

8.3.5 销售成本控制

8.3.5.1 成本范围

这里的销售成本，主要是指民宿在线上电商平台做推广所付的佣金。

8.3.5.2 常见问题

民宿销售渠道狭窄，过度依赖OTA平台，而OTA平台15%左右的佣金，对于体量小的民宿来说是一个不小的负担。

8.3.5.3 解决方法

（1）拓宽销售渠道，减少对OTA平台的依赖，降低佣金成本。如通过提升服务、提升客人入住体验感，从而通过客人的口碑宣传，增加推荐客人来源渠道。

（2）根据淡旺季客人流量，适当性进行房态操作。如春节期间，由于线上线下客人流量巨大，如果民宿有20间客房，那么可以拿一部分在OTA上销售，一部分选择在线下销售。全部在线下销售也不妥，会影响到客栈民宿与OTA的合作及在线上的排名。

（3）加强网络营销推广，加大直销平台客人来源。

（4）把OTA平台线上客人转化为线下客人。

8.3.6 维修成本控制

8.3.6.1 成本范围

维修更换成本在客栈民宿中也是一笔不小的支出，并且也是一种必要支出。设施受损或者设施陈旧影响着客栈民宿正常运营。提高设施设备使用寿命,减少专业维修费用,达到成本有效控制。

8.3.6.2 常见问题

(1)设施出现状况,民宿不能自行修理解决,需要请专业人员修理,则会支出一笔较高的修理费。

(2)没有形成保养设备设施的习惯,加大了设施设备出现故障概率以及缩短了其使用寿命。

8.3.6.3 解决方法

(1)爱惜爱护设施设备,加强设施设备保养。如定期清理空调内机过滤网、面盆过滤处积淀的污垢。

(2)卫生间放置提醒牌,如"请勿向便池内投扔杂物"。

(3)备好维修工具及一些替换品。如折叠梯、维修工具箱、电钻、马桶吸等。

(4)加强工作人员技能培训,能够胜任一些简单维修。如能够处理房间断电、卫生间马桶堵塞、断网、空调制冷制热慢等问题。

(5)对设施设备出现状况及解决方法进行书面记录。

相关链接

民宿经营2~3年后成本控制的重点

(1)不要大修大装,大修大装势必又要增加装修成本。

(2)要持有自己的特色,人无我有,人有我未必要有。

(3)注意电器的维护,电器在两到三年以后就达到1/3的使用寿命了,这时候需要经常检修电器。

(4)家具的维修和检查也非常重要。

(5)外墙的防水。房屋都有一个使用寿命,很多房间发霉或是漏水都是因为外墙的防水没有做好,建议大家在装修完两到三年之后,要全面地去检查房屋的外墙和天花板,如果有出现漏水的痕迹要及时进行补救,越是到后期就越是要注意这一方面。

第9章
安全管理

导言

经营一家民宿，不但要给房客提供舒适的环境和优质的服务，更要保障房客的安全，让房客住得安心、住得放心。

本章导视图

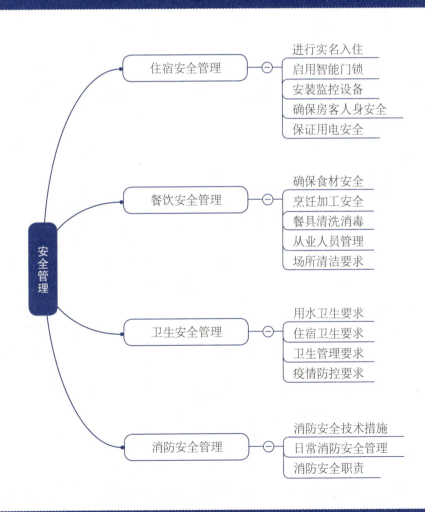

9.1 住宿安全管理

随着市场的快速增长,安全保障已经成为民宿必须回答的考题,技术创新成为解题的钥匙,物联网技术和智能设备的成熟,为民宿市场健康壮大提供了支撑。智能化,必然是民宿的进化之路。

9.1.1 进行实名入住

从事旅馆业经营的,应当核对住宿旅客的身份证件,如实登记其姓名、住址、身份证号以及入住、退房时间等信息,并实时传输至特种行业治安管理信息系统。旅客应当配合实名登记,使用虚假身份信息登记或者一人登记多人住宿的,民宿经营者有权拒绝提供住宿服务。

> **开店指南**
>
> 开民宿的风险主要就是来自于入住人的风险因素,或者行为有风险,或者身份有风险。一般来说,让入住者提交身份信息可以对此类风险进行一定程度的防范。

9.1.2 启用智能门锁

智能门锁是指区别于传统机械锁的基础上改进的,在用户安全性、识别、管理性方面更加智能化简便化的锁具。

住客在预订配备了新一代智能门锁的房间后,门锁的蓝牙钥匙便已经生成。之后,住客在办理入住的过程中,通过手机与门锁的蓝牙连接,在手机屏幕上进行活体刷脸验证,验证成功后打开门锁即可,整个过程告别了实体钥匙,刷脸入住既安全也便捷。除了蓝牙,智能门锁也支持NFC(近场通信)连接以及数字密码。嵌入人脸识别功能模块的新一代智能门锁,接入公安系统身份数据库,从数据手段降低危险发生的可能性。

智能门锁的推广将切实提升用户的住宿体验,更安全、便捷、智能的入住方式,已经成为共享住宿标准化服务链的重要一环。

9.1.3 安装监控设备

民宿经营者应在前台、出入口、主要通道、电梯轿厢、停车场等公共区域安装符合法律法规和标准规范要求的视频监控设备,确保在营业期间正常运行。视频监控资料保存期限不得少于 90 日。在非公共区域,民宿不得安装视频监控设备。

对于已安装视频监控设备的区域,民宿经营者应主动告知房客这些摄像头存在的区域。

9.1.4　确保房客人身安全

(1)在房间内配备专业的反锁装置,给房客入睡之时实际和心理上的安全感,让他们能够更舒心的入睡。

(2)设置贵重物品保险柜以及专业的保管服务,并提醒房客自行归置好贵重物品,避免发生丢失的现象。

(3)发放房屋安全手册,提供房东紧急情况联系电话,以及周边的医院、派出所位置及电话,提供其他房客在紧急情况下需要用的信息,把安全手册放在显眼的位置,让房客在阅读之后更加合理地使用民宿内的各类设施,注重自身安全。

(4)预先询问入住人是否有老人或小孩,提醒客人注意相关安全事项,如窗户、阳台、楼梯安全等。

(5)确认楼禁、门禁、门锁、电梯、窗户等是否完好。阳台护栏需贴有安全提示,阳台护栏高度低于 135 厘米时,需要安装防护网。

(6)确保浴室安全,具体措施如图 9-1 所示。

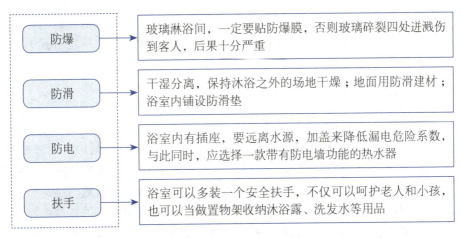

图 9-1　确保浴室安全的措施

9.1.5　保证用电安全

(1)选用合格的家用电器,并定期检查及维护房源内电器设备的正常运行。

（2）定期检查线路、开关、插头、插座等配件，发现问题及时维修或更换。
（3）制作电器使用说明，将说明书摆放在显眼位置，并提醒房客认真阅读。

9.2 餐饮安全管理

对于提供餐饮服务的民宿，应确保餐饮安全，让房客吃得放心、吃得舒心。

9.2.1 确保食材安全

民宿经营者应从采购、运输、查验、储存四个方面来加强食材的管理，以达到食品安全的要求。

9.2.1.1 食材采购

食材采购应达到以下要求。
（1）选择的供货者应具有相关合法资质。
（2）建立供货者评价和退出机制，对供货者的食品安全状况等进行评价，将符合食品安全管理要求的列入供货者名录，及时更换不符合要求的供货者。
（3）有条件的民宿，可自行或委托第三方机构定期对供货者食品安全状况进行现场评价。
（4）建立固定的供货渠道，与固定供货者签订供货协议，明确各自的食品安全责任和义务。根据每种原料的安全特性、风险高低及预期用途，确定对其供货者的管控力度。

9.2.1.2 食材运输

食材在运输过程中，应达到以下要求。
（1）运输前，对运输车辆或容器进行清洁，防止食品受到污染。运输过程中，做好防尘、防水，食品与非食品、不同类型的食品原料（动物性食品、植物性食品、水产品，下同）应分隔，食品包装完整、清洁，防止食品受到污染。
（2）运输食品的温度、相对湿度应符合相关食品安全要求。
（3）不得将食品与有毒有害物品混装运输，运输食品和运输有毒有害物品的车辆不得混用。

9.2.1.3 进货查验

进货查验包括随货证明文件的查验、食品外观查验和温度查验，具体要求如

表 9-1 所示。

表 9-1 进货查验的要求

序号	查验类别	具体要求
1	随货证明文件查验	（1）从食品生产者采购食品的，查验其食品生产许可证和产品合格证明文件等；采购食品添加剂、食品相关产品的，查验其营业执照和产品合格证明文件等 （2）从食品销售者（商场、超市、便利店等）采购食品的，查验其食品经营许可证等；采购食品添加剂、食品相关产品的，查验其营业执照等 （3）从食用农产品个体生产者直接采购食用农产品的，查验其有效身份证明 （4）从食用农产品生产企业和农民专业合作经济组织采购食用农产品的，查验其社会信用代码和产品合格证明文件 （5）从集中交易市场采购食用农产品的，索取并留存市场管理部门或经营者加盖公章（或负责人签字）的购货凭证 （6）采购畜禽肉类的，还应查验动物产品检疫合格证明；采购猪肉的，还应查验肉品品质检验合格证明 （7）实行统一配送经营方式的，可由企业总部统一查验供货者的相关资质证明及产品合格证明文件，留存每笔购物或送货凭证，各门店能及时查询、获取相关证明文件复印件或凭证 （8）采购食品、食品添加剂、食品相关产品的，应留存每笔购物或送货凭证
2	外观查验	（1）预包装食品的包装完整、清洁、无破损，标识与内容物一致 （2）冷冻食品无解冻后再次冷冻情形 （3）具有正常的感官性状 （4）食品标签标识符合相关要求 （5）食品在保质期内
3	温度查验	（1）查验期间，尽可能减少食品的温度变化，冷藏食品表面温度与标签标识的温度要求不得超过 +3℃，冷冻食品表面温度不宜高于 −9℃ （2）无具体要求且需冷冻或冷藏的食品，其温度可参考《餐饮服务业食品原料建议存储温度》的相关温度要求

9.2.1.4 食材储存

食材储存应达到以下要求。

（1）分区、分架、分类、离墙、离地存放食品。

（2）分隔或分离储存不同类型的食品原料。

（3）在散装食品（食用农产品除外）储存位置，应标明食品的名称、生产日期或者生产批号、使用期限等内容，宜使用密闭容器储存。

（4）按照食品安全要求储存原料。有明确的保存条件和保质期的，应按照保存条件和保质期储存。保存条件、保质期不明确的及开封后的，应根据食品品种、加工制作方式、包装形式等针对性地确定适宜的保存条件（需冷藏冷冻的食品原料建议可参照《餐饮服务业食品原料建议存储温度》确定保存温度）和保存期限，并应建立严格的记录制度来保证不存放和使用超期食品或原料，防止食品腐败变质。

（5）及时冷冻（藏）储存采购的冷冻（藏）食品，减少食品的温度变化。

（6）冷冻储存食品前，宜分割食品，避免使用时反复解冻、冷冻。

（7）冷冻（藏）储存食品时，不宜堆积、挤压食品。

（8）遵循先进、先出、先用的原则，使用食品原料、食品添加剂、食品相关产品。及时清理腐败变质等感官性状异常、超过保质期等的食品原料、食品添加剂、食品相关产品。

9.2.2 烹饪加工安全

厨房在加工制作食品过程中，应达到以下基本要求。

（1）加工制作的食品品种、数量与场所、设施、设备等条件相匹配。

（2）加工制作食品过程中，应采取图9-2所示的措施，避免食品受到交叉污染。

措施一	不同类型的食品原料、不同存在形式的食品（原料、半成品、成品，下同）分开存放，其盛放容器和加工制作工具分类管理、分开使用、定位存放
措施二	接触食品的容器和工具不得直接放置在地面上或者接触不洁物
措施三	食品处理区内不得从事可能污染食品的活动
措施四	不得在辅助区（如卫生间、更衣区等）内加工制作食品、清洗消毒餐饮具
措施五	餐饮服务场所内不得饲养和宰杀禽、畜等动物

图9-2 避免食品受到交叉污染的措施

（3）加工制作食品过程中，不得存在图9-3所示的行为。

（4）对国家法律法规明令禁止的食品及原料，应拒绝加工制作。

行为一	使用非食品原料加工制作食品
行为二	在食品中添加食品添加剂以外的化学物质和其他可能危害人体健康的物质
行为三	使用回收食品作为原料，再次加工制作食品
行为四	使用超过保质期的食品、食品添加剂
行为五	超范围、超限量使用食品添加剂
行为六	使用腐败变质、油脂酸败、霉变生虫、污秽不洁、混有异物、掺假掺杂或者感官性状异常的食品、食品添加剂
行为七	使用被包装材料、容器、运输工具等污染的食品、食品添加剂
行为八	使用无标签的预包装食品、食品添加剂
行为九	使用国家为防病等特殊需要明令禁止经营的食品（如织纹螺等）
行为十	在食品中添加药品（按照传统既是食品又是中药材的物质除外）
行为十一	法律法规禁止的其他加工制作行为

图9-3　加工制作食品过程中不得存在的行为

9.2.3　餐具清洗消毒

9.2.3.1　餐用具清洗消毒

餐用具清洗消毒应达到以下要求。

（1）餐用具使用后应及时洗净，餐饮具、盛放或接触直接入口食品的容器和工具使用前应消毒。

（2）清洗消毒宜采用蒸汽等物理方法消毒，因材料、大小等原因无法采用的除外。

（3）餐用具消毒设备（如自动消毒碗柜等）应连接电源，正常运转。定期检查餐用具消毒设备或设施的运行状态。采用化学消毒的，消毒液应现用现配，并定时测量消毒液的消毒浓度。

（4）从业人员佩戴手套清洗消毒餐用具的，接触消毒后的餐用具前应更换手套。手套宜用颜色区分。

（5）消毒后的餐饮具、盛放或接触直接入口食品的容器和工具，应符合GB 14934《食品安全国家标准消毒餐（饮）具》的规定。

（6）宜沥干、烘干清洗消毒后的餐用具。使用抹布擦干的，抹布应专用，并经清洗消毒后方可使用。

（7）不得重复使用一次性餐饮具。

9.2.3.2 餐用具保洁

餐用具保洁应达到以下要求。

（1）餐用具清洗或消毒后宜沥干、烘干。使用抹布擦干的，抹布应专用，并经清洗消毒方可使用，防止餐用具受到污染。

（2）消毒后的餐饮具、盛放或接触直接入口食品的容器和工具，应定位存放在专用的密闭保洁设施内，保持清洁。

（3）保洁设施应正常运转，有明显的区分标识。

（4）定期清洁保洁设施，防止清洗消毒后的餐用具受到污染。

9.2.4 从业人员管理

餐饮业中近80%的食物中毒源于员工的个人卫生习惯、卫生责任心。为了保障食品安全，民宿经营者务必要做好餐饮从业人员的管理。

9.2.4.1 健康管理

对从业人员的健康管理要求如下。

（1）从事接触直接入口食品工作（清洁操作区内的加工制作及切菜、配菜、烹饪、传菜、餐饮具清洗消毒）的从业人员（包括新参加和临时参加工作的从业人员，下同）应取得健康证明后方可上岗，并每年进行健康检查取得健康证明，必要时应进行临时健康检查。

（2）食品安全管理人员应每天对从业人员上岗前的健康状况进行检查。患有发热、腹泻、咽部炎症等病症及皮肤有伤口或感染的从业人员，应主动向食品安全管理人员等报告，暂停从事接触直接入口食品的工作，必要时进行临时健康检查，待查明原因并将有碍食品安全的疾病治愈后方可重新上岗。

（3）手部有伤口的从业人员，使用的创可贴宜颜色鲜明，并及时更换。佩戴一次性手套后，可从事非接触直接入口食品的工作。

（4）患有霍乱、细菌性和阿米巴性痢疾、伤寒和副伤寒、病毒性肝炎（甲型、戊型）、活动性肺结核、化脓性或者渗出性皮肤病等国务院卫生行政部门规定的有碍食品安全疾病的人员，不得从事接触直接入口食品的工作。

9.2.4.2 人员卫生

从业人员应保持良好的个人卫生，具体要求如下。

（1）从业人员不得留长指甲、涂指甲油。工作时，应穿清洁的工作服，不得披散头发，佩戴的手表、手镯、手链、手串、戒指、耳环等饰物不得外露。

（2）食品处理区内的从业人员不宜化妆，应戴清洁的工作帽，工作帽应能将头发全部遮盖住。

（3）进入食品处理区的非加工制作人员，应符合从业人员卫生要求。

（4）专间的从业人员应佩戴清洁的口罩。

（5）专用操作区内从事下列活动的从业人员应佩戴清洁的口罩。

——现榨果蔬汁加工制作。

——果蔬拼盘加工制作。

——加工制作植物性冷食类食品（不含非发酵豆制品）。

——对预包装食品进行拆封、装盘、调味等简单加工制作后即供应的。

——调制供消费者直接食用的调味料。

——备餐。

（6）专用操作区内从事其他加工制作的从业人员，宜佩戴清洁的口罩。

（7）其他接触直接入口食品的从业人员，宜佩戴清洁的口罩。

（8）如佩戴手套，佩戴前应对手部进行清洗消毒。手套应清洁、无破损，符合食品安全要求。手套使用过程中，应定时更换，如果重新洗手消毒后，应更换手套。手套应存放在清洁卫生的位置，避免受到污染。

9.2.4.3 手部清洗消毒

手部清洗消毒应达到以下要求。

（1）从业人员在加工制作食品前，应洗净手部，手部清洗宜符合《餐饮服务从业人员洗手消毒方法》。

（2）加工制作过程中，应保持手部清洁。出现图9-4所示的情形时，应重新洗净手部。

（3）使用卫生间、用餐、饮水、吸烟等可能会污染手部的活动后，应重新洗净手部。

（4）加工制作不同类型的食品原料前，宜重新洗净手部。

情形一	加工制作不同存在形式的食品前
情形二	清理环境卫生、接触化学物品或不洁物品（落地的食品、受到污染的工具容器和设备、餐厨废弃物、钱币、手机等）后
情形三	咳嗽、打喷嚏及擤鼻涕后

图9-4　需重新洗净手部的情形

（5）从事接触直接入口食品工作的从业人员，加工制作食品前应洗净手部并进行手部消毒，手部清洗消毒应符合《餐饮服务从业人员洗手消毒方法》。加工制作过程中，应保持手部清洁。出现图9-5所示的情形时，也应重新洗净手部并消毒。

1	接触非直接入口食品后
2	触摸头发、耳朵、鼻子、面部、口腔或身体其他部位后
3	图9-4中要求的应重新洗净手部的情形

图9-5　应重新洗净手部并消毒的情形

9.2.5　场所清洁要求

民宿内各场所清洁要求如表9-2所示。

表9-2　民宿内各场所清洁要求

序号	场所	清洁要求
1	食品处理区	（1）定期清洁食品处理区设施、设备 （2）保持地面无垃圾、无积水、无油渍，墙壁和门窗无污渍、无灰尘，天花板无霉斑、无灰尘
2	就餐区	（1）定期清洁就餐区的空调、排风扇、地毯等设施或物品，保持空调、排风扇洁净，地毯无污渍 （2）营业期间，应开启包间等就餐场所的排风装置，包间内无异味
3	卫生间	（1）定时清洁卫生间的设施、设备，并做好记录和展示 （2）保持卫生间地面、洗手池及台面无积水、无污物、无垃圾，便池内外无污物、无积垢，冲水良好，卫生纸充足 （3）营业期间，应开启卫生间的排风装置，卫生间内无异味

9.3 卫生安全管理

9.3.1 用水卫生要求

民宿内用水一般分为两种，生活用水和饮用水。

9.3.1.1 生活用水要求

关于生活用水，需要注意的是水质的安全，和卫生间地表的防漏、防滑设施，以及对房客使用的贴心提醒，这些都是非常有必要的安全性措施。

9.3.1.2 饮用水卫生要求

（1）提供给顾客使用的生活饮用水应符合 GB 5749 的相关要求。
（2）生活饮用水宜选用市政集中式供水。
（3）宜供给开水，提供直饮水应符合国家有关卫生规定。
（4）使用二次供水的，水箱应专用、无渗漏，并按规定清洗消毒。
（5）使用自备水源的，水源地附近无污染源，对水质进行净化消毒处理，处理后的水质应符合 GB 5749 的相关要求。
（6）盛水容器的材质应无毒无害，及时清洗消毒。
（7）桶装水开封后应及时使用、更换。

9.3.2 住宿卫生要求

（1）周围环境良好，无有毒有害气体、噪声、粉尘排放等污染源。
（2）室内环境整洁，客房空气质量卫生指标应符合表 9-3 所示的要求。

表 9-3 民宿客房空气质量卫生要求

项目	指标
二氧化碳 /%	≤ 0.10
一氧化碳 /（mg/m^3）	≤ 10
甲醛 /（mg/m^3）	≤ 0.12
可吸入颗粒物 /（mg/m^3）	≤ 0.20
空气细菌总数	
a. 撞击法 /（CFU/m^3）	≤ 2500
b. 沉降法 /（个 /m）	≤ 30

（3）应通风良好，在自然通风不良或无自然通风的房间应设有机械通风装置，过滤网定期清洗、消毒。

（4）宜采用自然采光，应有适当的照明设施。

（5）客房应布局合理、清洁卫生、隔音良好、无异味。

（6）客房内宜单设卫生间，或至少有一间公共卫生间，卫生间便池应采用水冲式，设置洗手设施，地面、墙壁等应采用易冲洗、防渗水材料制成。

（7）客房宜具备淋浴设施，无淋浴设施的应配有脸盆、脚盆，并按规范要求清洗消毒。

（8）应设置防鼠、防蚊、防蝇、防蟑螂及防潮、防尘等设施，设施应易清洗、消毒、更换。

（9）供房客使用的公共用品用具应做到一客一换一消毒，禁止重复使用一次性用品用具。使用公共卫生用品用具应合理设立消毒间，并配备消毒设施、工具和药剂。清洗消毒应符合 GB 9663 的相关要求。

（10）清洁客房、卫生间（面盆、浴缸、坐便器、台面、地面等）的抹布或清洗刷等工具应分设，清洗消毒效果应符合表9-4所示的要求。

表9-4 公共用品用具清洗消毒判定要求

项目	细菌总数	大肠菌群/（个/50cm^2）	致病菌/（个/50cm^2）
茶具	< 5CFU/cm^2	不得检出	不得检出
毛巾和床上卧具	< 200CFU/25cm^2	不得检出	不得检出
脸（脚）盆、浴盆、座垫、拖鞋	—	—	不得检出

9.3.3 卫生管理要求

（1）民宿经营管理者应对公共卫生安全负主体责任。

（2）应制定相关卫生制度和措施，建立卫生管理台账。

（3）应配备或指定专（兼）职卫生管理员，定期进行各项卫生检查。

（4）从业人员应经过卫生知识培训，取得"健康合格证明"后方可上岗。

（5）应通过正规渠道购买消毒剂、洗涤剂、一次性卫生用品、化妆品等公共用品用具，保留采购凭证。

（6）室外公共区域应保持干净整洁，及时清除废弃物等垃圾。

（7）在场所醒目位置（如大厅、入口、接待处、前台等处）应设置有禁烟标识，做好场所内的控烟工作。

（8）发生住宿场所空气、饮用水健康危害事故、食品安全事故或其他健康危害事故时，场所负责人应在两小时以内分别向当地卫生监督管理部门或食品药品监督管理部门报告。任何单位和个人不得隐瞒、谎报、缓报事故，不得隐匿、伪造、毁灭有关证据。

（9）应主动接受当地疾病预防控制等相关机构根据有关规定对场所、餐饮、饮用水开展的卫生监测工作。

（10）应积极配合当地政府和有关部门依法开展的管理和监督检查，履行相应的义务。

9.3.4 疫情防控要求

高度重视、积极配合政府关于疫情防控的决策部署，民宿主是民宿疫情第一责任人，应做到严格复工管理、严格疫情防控，监测员工和客人体温，掌握员工和客人近期活动地，及时向属地主管部门报送相关情况，做到"控制传染源"，切实做好内部管理和消毒。

9.3.4.1 加强内部管理

具体操作为"重消毒、勤通风、保水封、阻接触、慎弃物"，把好"入口（空气、食物）""出口（污水、垃圾）"关，做到"切断传播途径"。如图9-6所示。

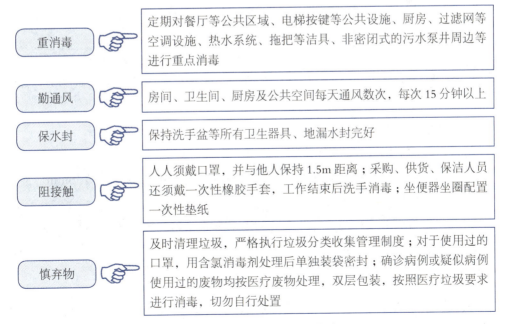

图9-6 疫情防控应做好的措施

9.3.4.2　掌握消毒方法

保洁人员工作时,应戴好手套、口罩,消毒方式与消毒剂应根据不同的对象选择,并应符合下列规定。

(1) 用于空气消毒宜采用过氧乙酸、过氧化氢、二氧化氯。
(2) 用于物体表面消毒,宜采用含氯类或溴类的消毒剂。
(3) 与皮肤接触的,宜采用酒精、异丙醇、洗必泰醇、碘伏等。
(4) 消毒剂的浓度配比、不同消毒剂的有效接触时间应符合产品说明书要求。

9.3.4.3　做好重点消毒

表9-5所示的空间应加强保洁和消毒,可采用250mg/L有效氯的含氯消毒液(如84消毒液)或含溴消毒剂擦拭消毒,清洁与检查频次不宜少于1次/2h,不应少于2~4次/d。

表9-5　需重点消毒的空间

序号	需重点消毒的空间	具体说明
1	公共空间中可能频繁与人手接触的部位	(1) 旋转门、直拉门、自动开启门、门框、门把手、窗、窗框、窗台表面、楼梯或平台扶手 (2) 卫生间坐便器表面、小便器表面、洗脸盆化妆台化妆镜 (3) 电梯按钮 (4) 灯开关、空调开关、洗手盆、坐便器水箱按钮、非自动开启的水龙头等
2	公共建筑内日常保洁保养的部位	如大理石或釉面地砖、水磨石或水泥地面、地毯(干洗、湿洗、蒸汽清洁)、玻璃、镜子、金属面、木墙裙、木墙面、金属饰板墙面、墙纸内墙、通风口、灯饰等应在保洁操作规程中适当增加消毒环节

清洁用品的消毒应符合下列规定。

(1) 抹布在清洗干净后,采用250mg/L有效氯的含氯消毒液浸泡30min,冲净消毒液,干燥备用。
(2) 拖布在清洗干净后,采用500mg/L有效氯的含氯消毒液浸泡30min,冲净消毒液,干燥备用。

9.3.4.4　空调的使用

民宿应加强室内外空气流通,最大限度引入室外新鲜空气。疫情期内,下列空调系统宜停止使用,疫情严重时应停止使用。

（1）既不能全新风运行，又没有对回风或送风采取消毒措施的全空气空调系统。

（2）既不设新风，又不能开窗通风换气的水—空气空调系统。

（3）既不能开启外窗，又不设新风、排风系统的房间内空调。

民宿中大多为分体式空调和户式中央空调，每个房间相对独立，不与其他房间进行空气流通，不会造成交叉感染，可正常使用，但应合理开启部分外窗，使空调房间有良好的自然通风；当空调关停时，应及时打开门窗，加强室内外空气流通。

9.4 消防安全管理

很多生活中不经意的小细节也有可能导致火灾的发生，进而产生巨大的破坏力，严重的威胁人身财产安全。

9.4.1 消防安全技术措施

（1）民宿建筑应满足图9-7所示的基本消防安全条件。

条件一	不得采用金属夹心板材作为建筑材料
条件二	休闲娱乐区、具有娱乐功能的餐饮区总建筑面积不应大于500m^2
条件三	位于同一建筑内的不同农家乐（民宿）之间应采用不燃性实体墙进行分隔，并独立进行疏散
条件四	应设置独立式感烟火灾探测报警器或火灾自动报警系统
条件五	每25m^2应至少配备一具2kg灭火器，灭火器可采用水基型灭火器或ABC干粉灭火器，灭火器设置在各层的公共部位及首层出口处
条件六	每间客房均应按照住宿人数每人配备手电筒、逃生用口罩或消防自救呼吸器等设施，并应在明显部位张贴疏散示意图
条件七	安全出口、楼梯间、疏散走道应设置保持视觉连续的灯光疏散指示标志，楼梯间、疏散走道应设置应急照明灯

图9-7 民宿建筑应满足的基本消防安全条件

（2）民宿内的封闭楼梯间、敞开楼梯间、室外楼梯的出入口或直通室外的出口可以作为安全出口；当主体结构为可燃材料时，木质楼梯应经阻燃处理，楼梯的宽度、坡度应满足人员疏散要求。

（3）墙、柱、梁、楼板和屋顶承重构件等均为不燃材料的民宿，应符合下列消防安全要求。

——采用钢结构时应进行防火保护，柱的耐火极限应达到2.0h，梁的耐火极限应达到1.5h。

——每层安全出口不应少于2个，相邻两个安全出口最近边缘之间的水平距离应大于5m。当房间门至楼梯入口的疏散距离小于15m，且使用楼梯疏散的各层人数之和不超过50人时，除首层外可设置1个安全出口。

——楼梯间隔墙、室外楼梯贴邻的外墙及楼梯的建造材料应采用不燃材料。

（4）墙、柱、梁、楼板等均为不燃材料，屋顶承重构件为可燃材料的民宿，应符合下列消防安全要求。

——经营用建筑层数不应超过3层。

——采用钢结构时应进行防火保护，柱的耐火极限应达到2.0h，梁的耐火极限应达到1.0h。

——每层安全出口不应少于2个，相邻两个安全出口最近边缘之间的水平距离应大于5m。当房间门至楼梯入口的疏散距离小于15m，且使用楼梯疏散的各层人数之和不超过25人时，除首层外可设置1个安全出口。

——楼梯间隔墙、室外楼梯贴邻的外墙及楼梯的建造材料应采用不燃材料。

（5）柱、梁、楼板等为可燃材料的民宿，应符合下列消防安全要求。

——经营用建筑层数不应超过3层；当经营用建筑层数为3层时，每层最大建筑面积不应超过200m^2；当经营用建筑层数为2层时，每层最大建筑面积不应超过300m^2。

——每一层安全出口不应少于2个，相邻两个安全出口最近边缘之间的水平距离应大于5m。当每层最大建筑面积不超过200m^2，房间门至楼梯入口的疏散距离小于15m，且使用楼梯疏散的各层人数之和不超过15人时，除首层外可设置1个安全出口。

（6）民宿的客房、餐厅、休闲娱乐区、零售区、厨房等不应设置在地下室或半地下室。零售区、厨房宜设置在首层或其他设有直接对外出口的楼层。

（7）民宿的客房、餐厅、休闲娱乐场所、厨房等应设有开向户外的窗户，确有困难时，可开向开敞的内天井。窗户不应设置金属栅栏、防盗网、广告牌等遮挡物，确需设置防盗网时，防盗网和窗户应从内部易于开启。窗户净高度不宜小于1.0m，净宽度不宜小于0.8m，窗台下沿距室内地面高度不应大于1.2m。

（8）厨房与建筑内的其他部位之间应采用防火分隔措施。厨房墙面应采用不燃材料，顶棚和屋面应采用不燃或难燃材料，灶台、烟囱应采用不燃材料。

砖木结构、木结构的民宿厨房防火措施达不到要求的，与炉灶相邻的墙面应作不燃化处理，灶台周围2.0m范围内应采用不燃地面，炉灶正上方2.0m范围内不应有可燃物。

（9）有条件的地区，可在二层以上客房、餐厅设置建筑火灾逃生避难器材。

（10）具备条件的砖木结构、木结构民宿建筑可适当进行阻燃处理，以提高主要建筑构件耐火能力。

（11）单栋民宿建筑客房数量超过8间或同时用餐、休闲娱乐人数超过40人时，应设置简易自动喷水灭火系统；如给水管网压力不足但具备自来水管道时，应设置轻便消防水龙。

（12）禁止采用可燃、易燃装修材料。楼梯间的顶棚、墙面和地面应采用不燃装修材料；疏散走道的顶棚应采用不燃装修材料，墙面和地面应采用不燃或难燃的装修材料；客房与公共活动用房的顶棚、地面应采用不燃或难燃的装修材料。建筑外墙不得采用可燃易燃保温材料和可燃易燃外墙装饰装修材料。

（13）应当在可燃气体或液体储罐、可燃物堆放场地、停车场等场所以及临近山林、草场的显著位置设置"禁止烟火""禁止吸烟""禁止放易燃物""禁止带火种""禁止燃放鞭炮""当心火灾—易燃物""当心爆炸—爆炸性物质"等警示标志。在消防设施设置场所、具有火灾危险性的区域应在显著位置设置相应消防安全警示标志或防火公约。

9.4.2　日常消防安全管理

（1）应确保民宿疏散通道、安全出口、消防车通道畅通。不得损坏、挪用或擅自拆除、停用消防设施、器材，不得埋压、圈占、遮挡消火栓或占用防火间距。

（2）每日昼夜应各进行一次消防安全巡检，确保消防安全。

（3）不应在燃煤燃柴炉灶周围2m范围内堆放柴草等可燃物。严禁在卧室使用燃气灶具。严禁卧床吸烟。砖木结构、木结构的农家乐（民宿）建筑内严禁吸烟。

（4）民宿的客房内不得使用明火加热、取暖。在其他场所使用明火加热、取暖，或使用明火照明、驱蚊时，应将火源放置在不燃材料的基座上，与周围可燃物确保安全距离。

（5）燃放烟花爆竹、烧烤、篝火，或有其他动用明火行为时，应设置单独区域，并应远离易燃易爆危险品存放地和柴草、饲草、农作物等可燃物堆放地，以及车辆停放区域。

禁止在民宿建筑周边30m范围内销售、存储、燃放烟花爆竹，并严格遵守当地关于禁止燃放烟花爆竹的相关规定。

民宿临近山区、林场、农场、牧场、风景名胜区时，禁止燃放孔明灯。

（6）室内敷设电气线路时应避开潮湿部位和炉灶、烟囱等高温部位，且不应直接敷设在可燃物上，导线的连接部分应牢固可靠。当必需敷设在可燃物上或在有可燃物的吊顶内时，应穿金属管、阻燃套管保护，或采用阻燃电缆。严禁私拉乱接电气线路，严禁擅自增设大功率用电设备，严禁在电气线路上搭、挂物品。

（7）严禁使用铜丝、铁丝等代替保险丝，不得随意更换大额定电流保险丝。客房内严禁使用大功率用电设备；厨房内使用电加热设备后，应及时切断电源。停电后应拔掉电加热设备电源插头。用电取暖时，应选用具备超温自动关闭功能的设备。

（8）照明灯具表面的高温部位应与可燃物保持0.5m以上的距离；靠近可燃物布置时，应采取隔热、散热等措施。使用额定功率超过100W的灯具时，引入线应采用瓷管、矿棉等不燃材料作隔热保护；使用额定功率超过60W的灯具时，灯具及镇流器不应直接安装在可燃物上。

（9）严禁在安全出口、疏散楼梯、疏散通道及燃气管线停放电动汽车、电动自行车，或对电动汽车、电动自行车充电。电动汽车充电装置应具备充电完成后自动断电的功能，并具备短路漏电保护装置，充电装置附近应配备必要的消防设施。

（10）严禁在地下室、客房、餐厅内存放和使用瓶装液化石油气。不宜在厨房内存储液化石油气；确需放置在厨房时，每个灶具配置不得超过1瓶，钢瓶与灶具之间的距离不应小于0.5m。存放和使用液化石油气钢瓶的房间应保持良好通风。

（11）严禁超量灌装、敲打、倒置、碰撞液化石油气钢瓶，严禁随意倾倒残液和私自灌气。

（12）严禁在客房内安装燃气热水器。

（13）严禁在客房、餐厅内存放汽油、煤油、柴油、酒精等易燃、可燃液体。

9.4.3 消防安全职责

民宿经营者是消防安全责任人，应履行下列消防安全职责。

（1）建立健全防火责任制和消防安全制度。

（2）配齐并维护保养消防设施、器材。

（3）组织开展防火检查，整改火灾隐患。

（4）每年对从业人员进行消防安全教育培训。

（5）制定灭火和疏散预案，每半年至少组织一次消防演练。

(6) 及时报火警，组织引导人员疏散，组织扑救初期火灾。

 开店指南

民宿的从业人员应熟悉岗位消防职责和要求，做到"一懂三会"，即懂本场所火灾危害性、会报火警、会使用灭火器、会组织疏散逃生。

相关链接

北京市《乡村民宿建筑消防安全规范》（节选）

1 范围

本文件规定了乡村民宿的建筑要求、消防技术措施和消防安全管理。

本文件适用于单体经营规模为经营用客房数量不超过14间（套）、建筑面积不超过800m^2乡村民宿的建筑防火改造、消防设施建设和消防管理。

本文件不适用于窑洞、毡房、蒙古包等建筑形式的民宿。

4 基本要求

4.1 设有乡村民宿的村庄，其消防安全布局、消防车通道、消防水源、消防电源、消防通信、消防装备、消防组织等应纳入乡镇总体规划、乡规划和村庄规划，并与其他基础设施统一规划、同步实施。

4.2 装修材料的燃烧性能等级应符合 GB 8624 的要求。

4.3 室内燃气工程的设计、施工及验收应符合 DB 11/T 301 以及 DB 11/T 1632 的要求。使用瓶装液化石油气的乡村民宿，应满足 DB 11/450 的相关要求。

4.4 电气产品、线缆应采用符合现行国家标准的合格产品。

4.5 位于可能发生对地闪击地区的乡村民宿，其防雷设计应符合 GB 50057 的规定。

5 建筑要求

5.1 建筑分类与建筑规模

5.1.1 按照建筑材料的燃烧性能，乡村民宿可分为三类。

——A类，墙、柱、梁、楼板、楼梯和屋顶承重构件等均为不燃材料。

——B类，墙、柱、梁、楼板、楼梯等均为不燃材料，屋顶承重构件为可燃性材料。

——C类，墙、柱、梁、楼板任意构件为可燃性材料。

5.1.2 C类乡村民宿经营用建筑层数地上不应超过2层，第二层经营面积不应超过300m²。

5.2 建筑构件

5.2.1 A类乡村民宿采用钢结构时，柱的耐火极限不应低于2.5h、梁的耐火极限不应低于1.5h、屋顶承重构件的耐火极限不应低于1.0h。

5.2.2 B类乡村民宿采用钢结构时，柱的耐火极限不应低于2.0h、梁的耐火极限不应低于1.0h、屋顶承重构件的耐火极限不应低于0.5h。

5.3 平面布置

5.3.1 客房、餐厅、休闲娱乐区、零售区、厨房等不应设置在地下室或半地下室。

5.3.2 火炕的灶门不宜位于卧室内。

5.3.3 使用明火的厨房宜独立设置，确需设置在建筑内部的厨房与其他部位之间应采取防火分隔措施。

5.3.4 采用瓶组方式供应液化石油气的，应设置瓶组气化间，存储的气瓶总容积应在1m³以下；备用的液化石油气钢瓶应存放于专门的储瓶间。

5.3.5 燃气设施不得设置在客房、餐厅、楼梯间、疏散走道及公共活动空间内。

5.3.6 疏散楼梯宜靠外墙设置。

5.3.7 电动汽车停放场所宜独立设置，确需设置在建筑内部时与其他部位之间应采取防火分隔措施。

5.3.8 电动自行车停放场所应符合DB 11/1624的相关规定。

5.3.9 附设在建筑内的消防控制室，宜设置在建筑首层或地下一层，宜布置在靠外墙部位，并应符合GB 50116和GB 25506的要求。

5.4 防火分隔

5.4.1 乡村民宿与其他建筑贴邻布置时，贴邻处外墙应为不开设门、窗、洞口且厚度不低于120mm的不燃性实体墙。

5.4.2 位于同一建筑内的不同乡村民宿之间，应采用不开设门、窗、洞口且厚度不低于120mm的不燃性实体墙进行分隔。

5.4.3 乡村民宿内不同使用功能用房之间，应采用厚度不低于120mm的不燃性实体墙进行分隔。

5.5 安全疏散

5.5.1 位于同一建筑内的不同乡村民宿应独立设置疏散路径；乡村民宿与其他使用功能用房合建时，应分别独立设置疏散路径。

5.5.2 建筑内的安全出口不应少于2个。符合下列条件之一的乡村民宿，可设置1部疏散楼梯。

——A类，使用楼梯疏散的总人数不超过50人且房间门至疏散楼梯的最远疏散距离不大于15m。

——B类，使用楼梯疏散的总人数不超过25人且房间门至疏散楼梯的最远疏散距离不大于15m。

——C类，使用楼梯疏散的总人数不超过15人且房间门至疏散楼梯的最远疏散距离不大于15m。

5.5.3 安全出口应分散布置，且同一民宿每个楼层相邻两个安全出口最近边缘之间的水平距离不应小于5m。

5.5.4 乡村民宿建筑的疏散楼梯可采用室外楼梯、防烟楼梯间、封闭楼梯间、敞开楼梯间；C类乡村民宿建筑的疏散楼梯可采用原有敞开楼梯。

5.5.5 疏散楼梯宜具备自然采光通风条件。

5.5.6 安全出口的净宽度不应小于0.9m，疏散楼梯宽度不宜小于1.1m；楼梯梯段坡度不应超过42°。

5.6 门窗

5.6.1 疏散楼梯采用敞开楼梯间或敞开楼梯的乡村民宿，客房门应具备自闭功能。

5.6.2 客房、餐厅、休闲娱乐场所等应设有开向室外的窗户，确有困难时，窗户可开向开敞的内天井。

5.6.3 客房、餐厅、休闲娱乐场所的外窗净高度不宜小于1.0m，净宽度不宜小于0.8m，窗台下沿距室内地面高度不应大于1.2m。窗户不应设置金属栅栏、防盗网、广告牌等遮挡物，确需设置防盗网时，防盗网和窗户应能从内部开启。

5.6.4 使用明火的厨房应设置外窗；液化石油气瓶组气化间、储瓶间应采取必要的通风措施。

5.6.5 供人员疏散穿行的天井、内院设置雨棚或阳光棚时，不宜完全封闭，宜在两个不同方向开敞。确需封闭时，应在顶部或四周均匀设置可开启外窗，外窗不应正对其他房间开设，开窗面积不小于天井、内院总投影地面面积的5%。使用人员从首层地面应能够方便开启外窗。

5.7 建筑材料

5.7.1 乡村民宿改造时不应采用金属夹芯板材作为建筑构件，既有乡村民宿原有金属夹芯板材的芯材应为不燃材料。

5.7.2 厨房墙面应采用不燃材料，顶棚和屋面应采用不燃或难燃性材料，灶台、烟囱应采用不燃材料。C类乡村民宿厨房难以完全改造的，与炉灶相邻的墙面饰面材料应采用不燃材料，灶台周围2m范围内应采用不燃地面，炉灶正上方2m范围内不应有可燃物。

5.7.3 楼梯间的顶棚、墙面和地面应采用不燃装修材料；疏散走道的顶棚应采用不燃装修材料，墙面和地面应采用不燃或难燃性的装修材料；客房与公共活动用房的顶棚、地面应采用不燃或难燃性的装修材料。建筑外墙不得采用可燃性、易燃性保温材料和外墙装饰装修材料。

5.7.4 建筑外墙上安装的广告、灯箱等设施应采用不燃材料制作。

5.7.5 利用木结构、砖木结构的C类乡村民宿，木楼梯难以改造为不燃材料时，应在楼梯底部使用不燃材料进行处理。

6 消防技术措施

6.1 疏散

6.1.1 应在客房内配备手电筒。

6.1.2 应在客房内按照床位数配备自救呼吸器。

6.1.3 应在二层及以上客房内根据客房室内地面与室外地坪高差配备以下一种逃生避难器材。

——高差不大于6m的楼层配备逃生绳。

——高差大于6m、不大于15m的楼层配备逃生缓降器、逃生梯、应急逃生器等逃生避难器材。

6.1.4 应在客房内明显部位张贴疏散示意图。

6.1.5 应在安全出口、楼梯间、疏散走道设置疏散指示标志。

6.1.6 应在楼梯间、疏散走道设置应急疏散灯。

6.2 灭火

6.2.1 当乡村民宿距离最近的市政消火栓或室外消火栓大于150m时,应利用自来水管道在建筑各层设置轻便消防水龙。当自来水管道水压难以满足灭火需求时,或存在在营业期间停水持续时间超过0.5h情况时,应设置背负式细水雾灭火装置,其储液容器的容积不应小于12L。

6.2.2 当乡村民宿具有以下情况之一时,宜设置简易自动喷水灭火系统。
——院落内具有封闭式天井或内庭院。
——客房数量超过8间。
——同时容纳用餐、休闲娱乐人数超过40人。

6.2.3 简易自动喷水灭火系统的喷头应布置在客房、餐厅、疏散走道、厨房、储物间等室内场所。

6.2.4 简易自动喷水灭火系统应按喷水强度$4L/min·m^2$、作用面积$100m^2$、持续喷水时间0.5h进行设计,并应符合DB 11/1022的相关要求。

6.2.5 乡村民宿室内的灭火器宜采用水基型灭火器。

6.2.6 建筑及封闭式天井和内庭院每$25m^2$应至少配备一具2kg灭火器。

6.2.7 灭火器应设置在各层便于发现取用的公共部位及首层出入口处。

6.3 火灾报警

6.3.1 乡村民宿建筑应设置火灾自动报警系统或火灾报警装置。

6.3.2 客房内应设置感烟火灾探测器。

6.3.3 厨房内应设置感温火灾探测器,使用燃气的厨房还应设置相适应的可燃气体探测器。

6.4 电气防火

6.4.1 配电箱电源进线侧应设置带隔离和保护功能的开关,并安装动作电流不大于300mA的剩余电流动作保护器。

6.4.2 宜对漏电电流、线缆温度等情况进行实时监测。

6.4.3 电气线路应穿管保护。明敷于木材等可燃材料上的电气线路应采用金属管或金属线槽保护;明敷或暗敷于不燃材料上的电气线路可采用燃烧性能不低于B1级的刚性塑料管保护。

7 消防安全管理

7.1 消防安全职责

7.1.1 单位负责人或法人是消防安全责任人,无单位负责人或法人的,其业主是消防安全责任人。

7.1.2 消防安全责任人应做到火灾隐患"自知、自查、自改",并完成以下安全管理要求。

——建立健全消防安全责任制和各项消防安全制度。

——规范用火、用电、用油、用气管理。

——制定灭火和疏散预案。

——组织防火检查,落实火灾隐患整改。

——员工上岗前进行岗前消防安全教育培训。

——每半年对从业人员进行消防安全教育培训。

——每半年至少组织一次消防演练。

7.1.3 从业人员应熟悉岗位消防职责和要求,做到懂本场所火灾危害性、会报火警、会使用灭火器、会组织疏散逃生。当乡村民宿设置有轻便消防水龙、背负式细水雾灭火装置、简易自动喷水灭火系统、消火栓等消防设施时,从业人员应会熟练操作使用。

7.2 值班和消防检查

7.2.1 在营业期间应明确专人值班,并进行消防巡查检查,保障消防设施、器材完好有效和疏散通道、安全出口畅通。

7.2.2 当日登记住宿客房数量超过10间或住宿人数超过20人时,晚9点至早7点,应有专人值班。

7.2.3 设有消防控制室的乡村民宿,应当实行24h值班制度,每班不应少于2名专职值班人员,值班人员应当具有消防行业特有工种职业资格。

7.3 火灾危险源管控

7.3.1 位于林区的乡村民宿,不应开展室外动用明火行为。位于其他地区的乡村民宿,具有室外动用明火行为时,应设置单独区域,距离建筑物、停车场大于12m,距离易燃易爆危险品存放地和柴草、饲草、农作物等可燃物堆放地大于30m,现场应配备灭火器。

7.3.2 电动汽车、电动自行车严禁在室内充电,室外充电场所应当与建筑出入口、门窗以及可燃堆垛之间保持不小于6m的安全距离。

7.3.3 不应私拉乱接电线、超负荷用电、违规使用大功率用电设备。

7.3.4 不应在配电箱等用电设备内及周围堆放可燃物。

7.4 标志

7.4.1 应在消防设施设置场所、具有火灾危险性的区域的显著位置设置相应消防安全标志或标识。

7.4.2 应当在周边可燃物堆放场地、停车场等场所，以及临近山林、草场的显著位置设置"禁止烟火""禁止吸烟""禁止带火种""禁止燃放鞭炮"等警示标志。

7.5 应急救援

7.5.1 乡村民宿经营者宜建立志愿消防队。

7.5.2 乡村民宿经营者可建立微型消防站，设置存放点并配备消防头盔、灭火防护服、消防手套、消防安全腰带、消防员灭火防护靴、自救呼吸器等个人防护装备以及外线电话、手持对讲机等通信器材。

7.5.3 乡村民宿的经营者应参加村联防联控组织，纳入群防群治力量。

7.5.4 发现火情后，乡村民宿工作人员应第一时间拨打"119"电话报警，组织人员疏散，扑救初起火灾。

第 3 篇

营销推广篇

第 10 章
线上平台推广

导言

随着互联网科技的发展，线上平台已经成为最简单、直接、有效的营销渠道，也是民宿营销渠道中性价比较高的，非常值得民宿主们选择。

本章导视图

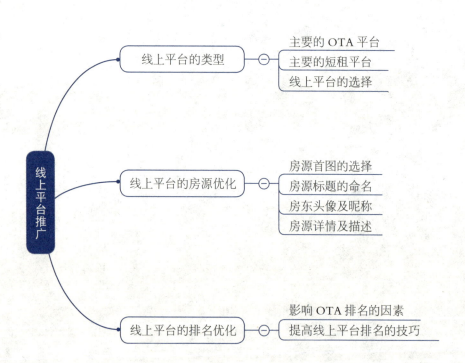

10.1 线上平台的类型

线上平台主要分为 OTA 平台及短租平台两大类。

10.1.1 主要的 OTA 平台

OTA 即为 Online Travel Agency 的缩写，中文翻译为"线上旅行社又名第三方售卖网站"。那么第一方和第二方又是谁呢？即为民宿和住客。OTA 既是连接民宿与住客的平台桥梁，也是民宿本身的一种宣传渠道。

10.1.1.1 主要的 OTA

目前，国内的 OTA 主要有携程系（携程、去哪儿、同程艺龙等）、美团点评系（美团、大众点评）以及阿里系（飞猪），还有一些其他的平台，比如途牛、驴妈妈、马蜂窝等。国外的 OTA 主要有 Booking.com（缤客）、Agoda（安可达）、Expedia（亿客行）、Airbnb（爱彼迎）、Priceline（普利斯林）等。如图 10-1 所示。

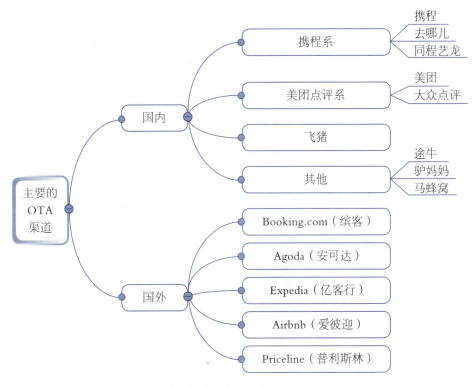

图 10-1 主要的 OTA 渠道

10.1.1.2 OTA 的盈利模式

OTA 大多以佣金模式盈利，不同的 OTA 在佣金的比例方面也有所不同。佣金的定义就是 OTA 每帮你售卖出一个间夜，就会按照一定的比例抽取这个佣金。由此可以看出，OTA 给你售卖的间夜越多你给 OTA 的佣金就越多，从而你的运营成本也越多，所以我们要尽可能地控制 OTA 的售卖间夜量从而实现运营成本的控制。

10.1.1.3 OTA 的费用支付方式

基本上所有 OTA 对于客人的支付方式分为两种：预付和现付。这两种付款方式主要决定于价格的区别、客人预订的习惯，以及不同促销方式的呈现。

预付的定义是在客人预订酒店之后，实际入住之前就已经将费用支付给 OTA，此种支付方式一般情况呈现的价格都会比现付低，并且取消订单的概率也会比现付低（特别是有的酒店的预付价格是不可取消的）。

现付的定义是客人在预订房间时并不需要支付房费，或者只是通过信用卡担保，在实际到店办理入住的时候才会支付酒店费用。

对于刚刚开业的民宿来说，在你没有任何稳定的自身预订、宣传渠道或自媒体的时候，注册 OTA 将会让更多的潜在住客在短时间内看到你并选择你。毕竟对于成熟、大牌的 OTA，他们所拥有的住客量要远远大于你的自身渠道，而且你还可以利用 OTA 在开业初期通过一些高质量的网评来建立你品牌的口碑。

10.1.2 主要的短租平台

按照百度百科的解释，"短租是伴随协同消费模式的兴起而出现的一种新兴的房屋租赁形式。主要房源集中在旅游热点地区，无法找到长期固定的租客，短期租客需求旺盛的情况下发展起来的新兴业务。"

目前，主要的短租渠道有 Airbnb、小猪短租、榛果民宿、途家等。各平台的介绍如表 10-1 所示。

表 10-1　主要短租平台介绍

对比项	Airbnb	小猪短租	榛果民宿	途家
简介	中文名爱彼迎，目前是全球第一大的民宿预定平台，拥有很好的国外用户基础，在大陆发展迅猛，吸引了大量的忠实用户，2018 年开始组织各地的房东线下交流	2012 年正式上线的短租预订平台，模式与 Airbnb 类似，因为前期广告打的比较多，拥有较多国内用户，在 2017 年年底获得新一批融资，是国内最早一批的民宿平台	美团旗下在 2017 年开始投放市场的短租预订平台，除了自身 APP 以外，拥有较多美团开放的流量入口，目前用户扩张非常快，各个板块也都在不断地完善优化	国内的老牌短租预订平台，收购了携程公寓渠道、去哪、蚂蚁、大鱼等，分销能力强大，耕耘城市多年，知名度较高，在公寓方面有很强的渠道优势以及客户基数

续表

对比项	Airbnb	小猪短租	榛果民宿	途家
特点	全球用户基数大、知名度大、算法推荐很好	专注于民宿,有较多的房东服务业务,知名度大,用户黏性大	有美团基础,活动促销力度非常大,营销创新能力也非常强,年轻用户以及非民宿用户数量增长惊人	流量入口较大,国内受众多,品牌知名度大
认证标签	闪订、超赞房东、家庭出游、商旅差游	优品、速订、实拍、验真、免押金、先住后付、商旅认证、长租优惠、智能门锁	立即确认、连住优惠、今夜特价	优选、验真、实拍、免押金、连住优惠、智能门锁
收费方式	为底价模式(后台录入价格),清洁费单独列示,佣金总费用为(底价+清洁费)3%	为卖价模式,清洁费不单独展示,佣金为10%	为卖价模式,清洁费不单独展示,以前是双向收费,目前已经调整为单向,向房东收取10%	为卖价模式,清洁费不单独展示,佣金在10%~15%之间
排名规则	根据不同用户的浏览习惯,数据做出推荐,每一套房源没有固定的排名,新上的房源会有前期的推荐,排名相对较靠前,在这个阶段一定要做好房源的详情描述以及图片工作,符合超赞房东要求,以及商旅标签的会有排名提高	有相对应的标签,尽可能地根据标签要求完善自己的房源,排名也和客户的分数评价、咨询回复时间,以及接单情况相关联	有非常多的美团用户客户基数,活动较多,具体活动要经常联系自己的业务经理,做出了很多民宿板块,精选、活动折扣等来提升排名,一定要把房源的闪订功能打开,流量会提高不少	参加途家促销,一定要达到优选房源,使用途家的门锁以及保洁会增加排名,其次还是订单量,咨询的回复率、接单率等对于日常运营的情况,途家也是考核比较严的一个平台,每一个板块都有可能会影响到排名

10.1.3 线上平台的选择

找准适合自己民宿定位的平台上架是第一步,切忌多而滥。民宿经营者应根据民宿的特点与平台的契合程度,以此来选适合民宿上线的预订平台。

由于OTA渠道主要解决多库存售卖问题,以门店品牌形式推广售卖,更关注品牌价值。而短租平台主要解决单房源售卖问题,以房东与房源特色形式推广售卖,更关注房东特色。

以1家拥有十几间房的客栈为例,靠短租平台去一间一间售卖是不现实的,房源信息维护上就很麻烦,而且短租平台动辄咨询沟通时长在半小时以上,会大量占用民宿经营者的时间。同样的只有几间房源的民宿,上线OTA也是很难达到快速售卖的,OTA本身的排名机制决定了他们会推多库存的民宿门店(平台佣金拿的更多),而不是单个房源。

因此,在选择时,房源分散型城市民宿,更适合上线短租平台;多库存类型乡村民宿,更适合上线OTA渠道。

 开店指南

更适合不代表只能上线短租平台或者OTA渠道,而是要确定自家民宿需要以哪类平台为主营销渠道,另外的渠道只能作为补充。

 相关链接

OTA渠道与短租平台的区别

1.平台的区别

OTA是在线旅游平台或者叫做在线旅游代理平台,旅游消费者通过网络向旅游服务提供商预订旅游产品或服务,并通过网上支付或者线下付费,即各旅游主体可以通过网络进行产品营销或产品销售的地方。

短租平台为房东及房客提供线上交易预订服务,通过独立运营的线下团队或与中介代理合作,将线下房源进行搜集整理,并为消费者提供房屋搜索及交易担保服务,平台通过房租佣金或广告费模式盈利。

2.房源呈现区别

OTA渠道多以品牌门店的形式呈现,且以多库存(支持同房型几间房同时售卖)方式售卖,且不支持咨询对话窗口。如下图所示。

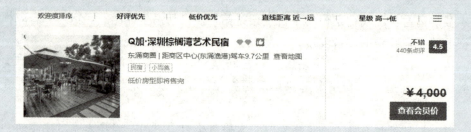

携程房源展示截图

短租平台多以单房源形式售卖,除途家支持门店搜索和多库存外,大都以单库存(只有一间库存)的形式售卖,支持咨询对话窗口。如下图所示。

Airbnb房源展示截图

10.2 线上平台的房源优化

10.2.1 房源首图的选择

各大平台上运营比较好的部分民宿,他们的房源首图在设置上一般会遵循图10-2所示的3个原则。

图10-2 房源首图选择的原则

10.2.1.1 整体空间而非细节局部

一般平台上卖得较好的房源都是以房间整体的一张图设置为主图,而非房间细节和局部,特别突出的亮点可以作为二图展示。所以我们应该尽量挑选房间的整体图,并且进行精修后再作为首图。

10.2.1.2 优先选择最有特色的一张

有很多民宿经营者的房源是非常不错的,但是在首图设置的时候,过于随意,偏偏让没有特色的一张作为主图,这就有些得不偿失了。

用户在搜索房源的时候,在一张图片上的停留时间是非常短暂的,如果你的房源不能在1秒之内抓住他们的眼球,那么客户就很有可能白白流失了。特色截图如图10-3所示。

10.2.1.3 高清大图

大家在平台上架时都会注意图片清晰度,所以客户在一堆的高清大图里面,要一眼相中你的房源,本身就不易,但如果你的图片特别不清晰,给人第一印象不好,那就没有被选择的可能了。

图10-3 民宿房源图片截图

10.2.2 房源标题的命名

在取标题的时候,很多民宿经营者喜欢用一些非常生僻的字或者自认为很有风格的名字来彰显自己的独具一格,但是事实上,用户真正搜索的往往是×××落地窗、××俯瞰夜景、×××房、5分钟直达×××景点等。

在列表浏览房源的时候,客户能够看到的主要信息是房源的封面、民宿标题、房东头像和房间价格几个元素,因此民宿标题一定要传达足够的信息,并且设置关键字能够让用户很轻松地搜索到。

我们可以采用下面的命名公式。

品牌名+近地标1+地标2+民宿特色(关键设施)+地标3距离+地标4距离+房间类型(地标数量可适当删减)

为什么要这么取标题呢?这是由于很多用户在搜索时,习惯性的操作是搜索某个地标或者景点,或者自己想住的房间类型、房间设施,如落地窗、泳池、浴缸等,当你的房源带这个关键词的时候,很容易就被搜索出来了。

10.2.3 房东头像及昵称

一个亲切的房东昵称和头像,是可以给房源加分的。真实的房东头像加昵称的房源更能带给客户信任感,所以一定要把平台的实名认证完善好,认真研究一下头像和昵称,千万不要在上传房源的时候偷懒。

10.2.4 房源详情及描述

详情页的转化率是考量民宿销量的重要标识。我们可以用下面这个公式来计算详情页的转化率：

$$CVR（转化率）＝订单量÷房源详情浏览量×100\%$$

转化率数据越高，说明在相同的客源流量之下，客户下单次数越多。

从客户的角度来说，转化率可能会跟民宿房源图片、房间标题、房主头像、用户评论、详情描述、房间价格以及退订政策等有关系。那么在上架的详情页中，我们可以对哪些内容进行优化呢？具体如下。

10.2.4.1 房源描述

很多房东在做房源描述的时候，并没有意识到这个描述有多重要，从而草草了事。一个好的描述，可能会将某个平台的订单量提升30%以上。

在进行房源详情描述的时候，要注重将民宿背后的故事、地理位置优势和房屋的细节等方面展现出来，这样描述能让用户觉得是用心的、愉悦的，进而促使客户下单。如图10-4所示。

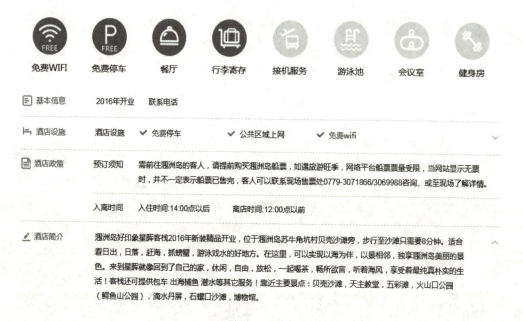

图10-4 房屋描述截图

10.2.4.2 价格和退订政策

在价格方面，有的民宿经营者会给自己的民宿一开始就设置一个比较高的价格，结果可能好几天都订不出去。

在房源刚开始上线的时候，因为本身房源积累的数据不够，各种信任背书不足，平台排名也不高，应该先把价格设置的低一些，退订政策也尽量宽松一些，采用薄利多销的方式先积累数据。

当房源数据积累的不错，房源也有了一定的权重和较好的排名之后，再将价格调整到合适区间，然后通过后续的维护去将一套房源的数据做到稳定，同时避免违规，就能够保持到一个不错的状态。

10.3 线上平台的排名优化

10.3.1 影响OTA排名的因素

一家民宿在OTA平台上的排序有两种，一种是自然搜索排序，即搜索某一地区，平台推荐出来的酒店；另外一种属于条件搜索排序，即用户通过设置某些条件、关键词搜索出来的排序，比如通过价格、好评、距离远近、有无早餐等条件进行筛选。

民宿在OTA平台的排名尤为重要，大部分的OTA平台每一页会显示20～30家民宿，住客在使用的时候一般翻到第三页或者第四页左右就不会再往下继续查看了，因为基本上查看超过80～100家住宿之后就真的很疲劳了。

每个平台都有自己的一套排序算法，影响自然排序的因素主要如图10-5所示。

图10-5 影响OTA排名的因素

10.3.1.1 收益水平

这个收益包含以下两个方面。

（1）民宿的收益，即民宿在一段时间内的产出。通常情况下，民宿收益公式如下：

$$酒店收益 = 订单总量 \times 客单价 - 订单取消量$$

从上面的公式看,影响民宿收益的主要因素是订单量、房型价格、订单取消量。其中影响订单量的一个重要因素就是房量库存(可以预订售卖房间的数量)。跟体量小价格低的店比起来,体量大价格高的店,无疑在排名方面占据着很大优势。

(2)平台的收益,即平台通过民宿方获取的收益。通常情况下,平台收益公式如下:

$$平台收益 = 订单总量 \times 佣金值 + 广告营销和付费工具费用$$

在佣金值不变情况下(各平台默认8%~15%),民宿收益越多,能够贡献给平台的收益就越多;佣金值变动的情况下,佣金越高,平台收益越多,自然能够让民宿方排名靠前。

 开店指南

> 在收益这块,民宿贡献给平台的收益越多,就意味着其利润减少,尤其通过提升佣金值换取排名的店。在运营的时候,一定要平衡好二者关系。

10.3.1.2 合作关系

一家民宿和平台合作关系越紧密,越有利于排名提升。一般情况下,合作关系包括独家合作、战略投资、品牌合作等形式。

(1)独家合作。如携程的特牌、金牌、银牌合作,每种牌子类型对应的合作内容以及合作深度不同。如图10-6所示。

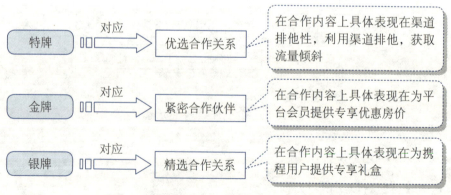

图10-6 携程不同挂牌所对应的合作内容及合作深度

开店指南

关于携程特牌、金牌、银牌的排名权重,特牌排名权重要高于金牌、银牌。排在特牌后面的金牌、银牌店,二者可以出现打乱排名的情况。如果银牌店一段时间内的收益高于金牌店,那么排名会反超,排在金牌前面。

而去哪儿网挂牌特牌、金牌、银牌,店家不会因为挂牌而产生排名优先,会出现互相打乱的情况。如图 10-7 所示。

图 10-7 去哪儿不同挂牌所对应的合作内容及合作深度

(2)战略投资。战略合作是平台直接投资某一个民宿、客栈连锁品牌,二者形成一种紧密的合作关系。如客栈连锁品牌久栖、花筑,会在预订平台中得到一定的流量倾斜。

如图 10-8 所示的是花筑民宿于 2021 年 2 月份在去哪儿网的排名显示。

图 10-8 民宿推广截图

(3)品牌合作。品牌指店家参与平台推出的品牌,比如去哪儿网的 Q+ 品牌。

去哪儿 Q+ 是去哪儿网力推的互联网+酒店品牌,利用去哪儿网的品牌优势带动酒店品牌知名度、智能化软硬件、服务质量等,最终达到有效提升酒店收益的目的。

10.3.1.3 运营综合分数

运营分数是平台在一段时间内,利用不同的测评维度,对店家进行的综合测评，测评分数对应着相关的权益。

相关权益一般分为图10-9所示的3种。

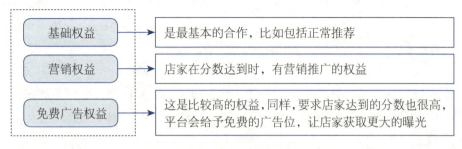

图10-9 相关权益的种类

10.3.1.4 库存数量

库存表示着民宿可以正常售卖房间的数量。未来一段时间内，库存数量越多，越有利于排名靠前。如某天满房零库存，排名自然在商圈就跌落置底。另外签约保留房数量越多，越有利于排名。

10.3.1.5 点评详情

点评主要包括点评数量、点评分数以及点评质量三个部分。点评数量越多、分数越高、优质点评越多，那么越有利于排名的上升。

10.3.1.6 活动参与度

活动参与度是店家积极参与平台推出各种活动的活跃度。活动参与度越高，越有利于排名提升。各个OTA平台会不定期推出各种促销营销活动，店家要根据自己的实际情况积极选择参与。

以携程为例，携程常见的活动有直通车、闪住闪结、钻石展位、定向优惠券、在线选房项目，以及各类营销促销活动。

10.3.1.7 民宿信息完整度

民宿信息完整度也是影响排名的一个因素，内容信息越完整，越有利于排名上升。内容信息包括房型信息、基本信息（名字信息、区域位置信息、地址信息、简介信息、所属品牌信息、星级信息、开业信息、客房数量信息）、设施信息、图片信息（外观房型信息、营业执照信息等）。

10.3.2 提高线上平台排名的技巧

对民宿而言，线上平台的排名、评分、点评等因素对民宿有着重大的影响。住客会因为一条好评入住一家民宿，也会因为一条差评放弃这家民宿。携程数据显示，携程点评分与转化率相关系数高达95%，也就意味着点评越高，进入民宿页面的下单率越高。

要想点评分做得好，民宿经营者可以从图10-10所示的6个方面去入手。

图10-10 提高OTA平台评分的技巧

10.3.2.1 详细记录客人信息

这是至关重要的一步，也是提升好评极其重要的一步。详细记录客人手机号码、入住房间、有无特殊喜好等，拿到这些民宿经营者就可以掌握与客人要好评的主动权。

比如："刘先生（女士），您好，欢迎入住×××民宿，为了更好地方便给您服务，我们需要预留一下您的手机号码。"

"沈先生（女士），您好，欢迎入住×××民宿，我们店正在进行有奖免住活动，需要预留一下您的手机号码，您被抽中的话，今晚可免费入住（注：活动必须真实）。"

通过诸如此类的话术，然后拿出纸笔记录下客人的姓名、手机号码、入住房间等。

10.3.2.2 完善到店情景

（1）办理入住。对于客人来说，进店就要休息，前台需要快速办理客人入住，最好提供免押金，以免客人办理入住、退房时间过长，引起情绪不适，导致差评。民宿经营者可提前准备水果、小食品等，最好能有手写的欢迎卡片，手写字体可增加客人的好感。

比如："王先生（必须带姓）您好！欢迎下榻本店，我是您今晚的私人管家，您有什么需求可直接拨打服务电话，我们24小时为您服务。祝您晚安，做个好梦！"

同时，送上一份民宿周围的详细景点路线图或商场购物地图等来提升民宿的好感度。

（2）行李搬运。一般住宿客人都会带有行李，行李生或服务员应主动接过客人行李，送至房间，在此期间必须礼貌、恭敬，凡是客人提出的问题都能够主动回答。

（3）房间安排。对于OTA平台上引流来的客人，在入住的时候不安排有缺陷的房间。一般给客人排房时，以OTA会员客人＞OTA客人＞门店会员＞散客。对于客人反馈的问题，一定要第一时间妥善处理，同时对提出问题的客人进行标注，跟进，事后需要通过电话、微信等方式表达关怀。

（4）客人离店。客人离店时，需要主动询问客人的入住体验，如客人反馈民宿体验不好，可通过询问帮客人解决困惑，需要给出合理解释方案，主动道歉等；客人情绪过低时，需要安抚，客人气消了，给予差评的记录也就少了；如客人的入住体验不错，届时可以提出让客人给予好评。

比如："王先生您好！既然您的入住体验非常不错，能否把您的入住体验分享给更多的客户，帮我们在网上做一个五星好评，同时也是对我们辛勤服务的一个奖励。非常感谢！"

另外，民宿经营者可提前为客人准备当地特产、纪念品等，可在这些小物件上印上本店的二维码等（小礼物可提醒客人给予好评也可以增加二次营销）。

10.3.2.3　离店后的回访

客人离店后，我们可以根据预留的电话号码主动询问客人的入住体验，当客人感受良好，对产品、服务都十分满意时，民宿可以向客人征求好评。对于客人体验感不强，则可以向客人表达歉意。

10.3.2.4　特殊事件处理

客人入住民宿时偶尔会有不舒服、物品损坏等偶然事件，这就需要民宿经营者提前做好特殊事件的备案。

比如，需要备一些感冒药，当客人偶有感冒时可用，客人病情比较严重时，需要陪同客人去附近医院救治，同时打电话给客人的家属，以防突发事件发生；对于酒店物品损坏之类的，可免去客人赔偿，要知道，一个差评的价值远远大于客人赔付的钱。

总之，预案准备越详细越好，更加有利客人的入住体验。

10.3.2.5 提高民宿评分

评分对于民宿的意义如图 10-11 所示。

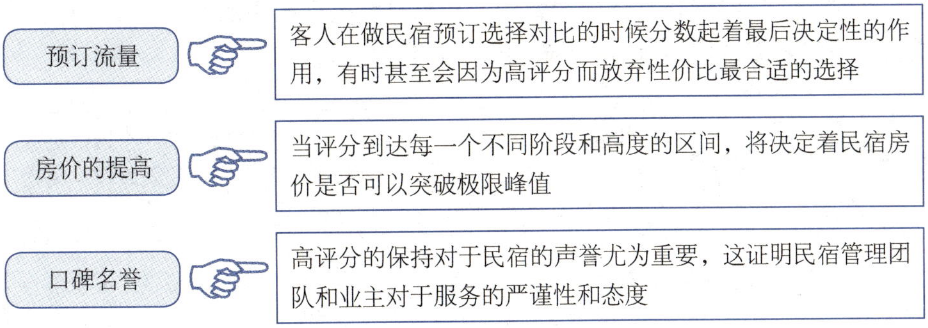

预订流量	☞	客人在做民宿预订选择对比的时候分数起着最后决定性的作用，有时甚至会因为高评分而放弃性价比最合适的选择
房价的提高	☞	当评分到达每一个不同阶段和高度的区间，将决定着民宿房价是否可以突破极限峰值
口碑名誉	☞	高评分的保持对于民宿的声誉尤为重要，这证明民宿管理团队和业主对于服务的严谨性和态度

图 10-11　评分对于民宿的意义

OTA 平台对于住宿的评分是根据广大住客分别给予评分的平均值算出的，当然不同的 OTA 评分细节也不同，如携程网和 Booking.com 的评分细节就不相同，如图 10-12、图 10-13 所示。

住客点评

⊙⊙⊙⊙⊙　棒 4.8 / 5分

环境 4.7　　设施 4.7　　服务 4.9　　卫生 4.8

图 10-12　携程网评分细节截图

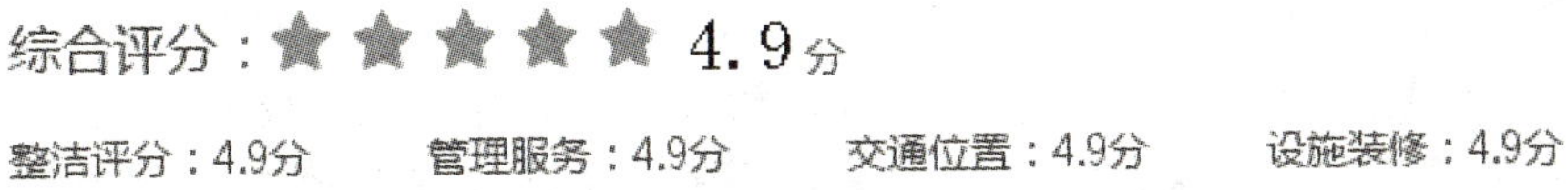

综合评分：★★★★★　4.9 分

整洁评分：4.9 分　　管理服务：4.9 分　　交通位置：4.9 分　　设施装修：4.9 分

图 10-13　途家网评分细节截图

> **开店指南**
>
> 民宿经营者应利用评分细节提高酒店评分，并根据细节分高于或者低于总评分来进行各项细节的更改。

10.3.2.6 客人评论管理

对于好评，评价引导，对于差评恰当回复、个性化回复。点评回复也是民宿的二次营销，可推荐给客人其他房型、民宿的特色等。点评回复不是单单出于礼貌，更是民宿对于差评的解释、好评的推销，是给没有入住本店的客人一个介绍。

民宿经营者需掌握图10-14所示的维护评论的技巧。

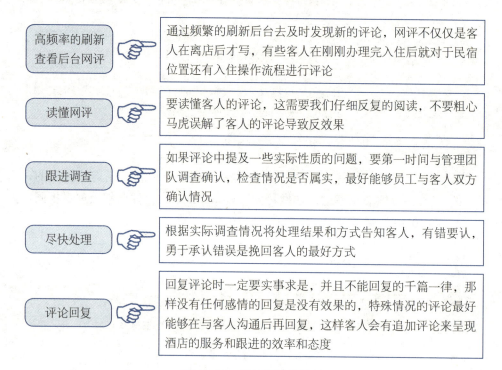

图10-14 维护评论的技巧

民宿经营者应尽可能地做到民宿内的细节部分的完善，比如硬件设施、软件服务等，再有就是你的团队或员工尽可能跟进每一位客人的入住感受，多与客人沟通，倾听他们的想法、需求、抱怨、赞扬，并且站在客人的角度加以改正或端正态度，给客人留下良好的第一印象和最后印象。这些基本上就是客人在写评论时的主要因素，其实在很多情况下好的服务可以弥补硬件方面的缺陷。如图10-15所示。

论评其实是最重要的宣传渠道，评论最重要的地方在于他不是只给民宿经营者看的，也不是只给写评论的客人自己看的，而重点是给民宿未来的每一位潜在客人看的。所以，我们要深切了解每一位写评论的客人在写评论时的心理，无论他写的是好评还是差评，是陈述事实还是带着满满的情绪，在了解之后再以最合适的语言内容回复，这才是评论的真正核心。

5. **超棒**

终于和家人去了心心念念的地方，一上岛，新鲜的空气之旅就开始啦！客栈的小姐姐超级温柔超级耐心，解答各种关于涠洲岛的问题，怎么玩最好、怎么玩最省钱，统统毫无保留告诉你！酒店十分干净整洁，住的很是舒心，小姐姐是像打理自己家一样维护客栈，所以住的很放心，该有的设施都很齐全，额外需要的东东小姐姐也会尽量满足给安排好，很像回到了自己在郊外假装有别墅的感觉哈哈；小院子很有渔岛的感觉呢，最喜欢躺在吊床上享受阳光哈；大厨的手艺也很好，上岛前请温柔小姐姐给准备了晚饭，吃了两大碗米饭来配菜，咸淡适宜，色香味俱全，比岛上很多饭店做的更干净美味，性价比也很好！花甲超级肥嫩，大虾和蒸鱼啧啧啧真是让人回味无穷......外面很多饭店都是川味的，真的不适合我呀........客栈离那个贝壳沙滩也特别近，几分钟就走到了，路上两边还有没有主的木瓜树，好像等熟的时候亲手摘着吃~夕阳西下的时候去沙滩散散步，宁静悠闲自在；晚上还可以看到星星，吹一点海风，很容易有睡意，睡觉质量真的不错呢！

收起

2019年1月7日发布

图10-15　客人评论截图

 **相关链接**

住客使用线上平台预订的步骤和心理

一般情况下，住客在预订住宿房间之前，会先确定要出行的目的地国家以及城市。比如是以旅行为主要目的出行，住客会先查看机票，然后根据机票不同日期呈现的不同价格来选择适合出行的时间段，在确定好机票的日期后才会去线上平台选择民宿酒店。具体步骤下图所示。

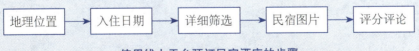

使用线上平台预订民宿酒店的步骤

1. 地理位置

当客人在线上平台预订民宿时，第一要素一定是国家城市和区域的选择，旅游客人一般会通过地标性建筑去选择住宿。比如当游客选择北京的时候，通常都会优先选择最著名的故宫、王府井区域的酒店，或者靠近中心城区地铁站的区域，而商务客人一定是选择距离办公地点越近越好。

所以，地理位置是决定你是否能被搜索到的关键第一步。

2. 入住日期

确定好位置以后就会输入想要入住的日期，如果在客人入住的时间段内的某一天你没有空余的房间了会导致你可能错过一部分客人。

所以，我们在控制线上平台后台时一定要严谨，确保达到100%的出租率再选择关闭售卖。

3. 详细筛选

客人会根据期望的住宿类型或者自己的喜好挑选一些特色的民宿进行进一步筛选。线上平台可以根据设施设备、地理位置、民宿星级评分等详细情况进行细化筛选。

4. 房型价格

有些客人是只看可接受的价格范畴之内的，有些是宁愿贵一点也想选择适合自己心意的，民宿创建的房型以及价格的设置其精髓体现在此。这个阶段如果民宿有一些特惠房型或者钓鱼房价就会更大概率的被客人看到。

一般来讲，线上平台在列表中只会显示此民宿的最低房型价格，即为钓鱼房型。

5. 民宿图片

客人选择完相应价格后就会再次缩小选择范围，这时客人就会进一步地更细微的作比较，首先从民宿提供的官方图片，即公共区域、房间内部细节来选择。

此处图片的拍摄就很重要了，建议民宿经营者在拍摄官方照片时，在实事求是的情况下不要吝啬成本。

6. 评分评论

当客人基本锁定几个民宿的选择范围之后，那么最后的决定权就在评分和评论方面了，比如民宿的总体评分、细节评分、性价比、评论数量等。客人在浏览评论的时候基本上都是在观察评论中的差评。

经过以上几个步骤之后，客人就会最终选择一家最合心意的民宿了。

第 11 章
自媒体推广

导言

现如今人人都是自媒体，那民宿的推广也一样，要学会利用自媒体平台为自己的推广助力。自媒体本身就拥有巨大的流量，比如微信、微博、抖音、快手等，在这些平台上认证之后，用合理的民宿推广方案去运营它，慢慢地就能找准自己的客户群体了。

本章导视图

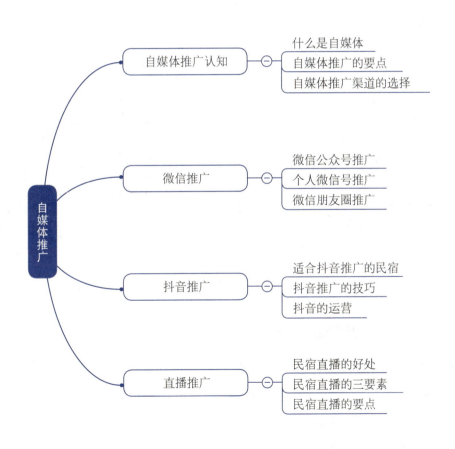

11.1 自媒体推广认知

11.1.1 什么是自媒体

自媒体是指普通大众通过网络等途径向外发布他们本身的事实和新闻的传播方式。"自媒体",英文为"We Media",是普通大众经由数字科技与全球知识体系相连之后,一种提供与分享他们本身的事实和新闻的途径,是私人化、平民化、普泛化、自主化的传播者,以现代化、电子化的手段,向不特定的大多数或者特定的单个人传递规范性及非规范性信息的新媒体的总称。

在自媒体运营中,要遵循图 11-1 所示的原则。

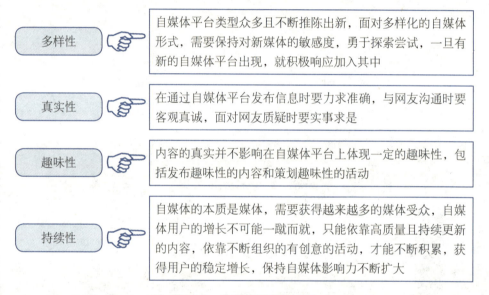

图 11-1 自媒体运营的原则

11.1.2 自媒体推广的要点

都说自媒体建设是民宿客栈逃离 OTA 高额佣金"绑架"的有力途径,那么在人人皆是媒体人的自媒体时代,如何运营你的民宿自媒体呢?要点如下。

11.1.2.1 内容创作的原则

自媒体推广内容创作需遵循图 11-2 所示的 3 个原则。

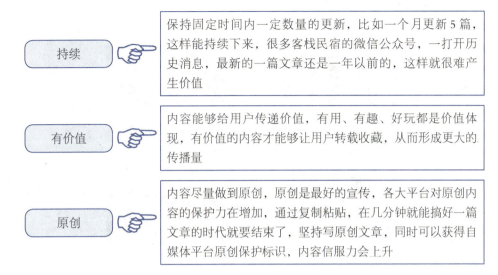

图 11-2　内容创作的原则

11.1.2.2　内容载体的选择

常见的内容载体有以下几种：文字、图片（照片、漫画、表情包）、音频、视频、图集、投票、链接、H5页面（HTML5前端技术设计的页面）。

相对来说，纯文字的内容显然很难让用户读完一篇完整的文章，而图集、短视频、H5页面等内容载体会让用户更感兴趣，在上面停留时间也相对较长。另外，用户对链接打开率则相对较低。因此，在内容搭配上，民宿经营者应尽可能选取用户感兴趣的内容载体。

11.1.2.3　内容的写作

客栈民宿做自媒体营销推广，可以从以下5个方面入手。

（1）与旅游相关的内容。因为民宿基本都位于热门旅游目的地或者文化气息浓郁的乡村，其目标客户就是准备旅游或者有旅游计划的人群。因此，内容可以围绕旅游攻略来写，包括交通、气候、吃喝玩乐，这种内容最容易被读者收藏。或者介绍盘点当地的美食、美景、民俗风情等，这样的内容比较容易形成持续性。如图11-3所示。

（2）和住宿有关的内容。比如盘点厦门最美的十家客栈、丽江最适合情侣入住的五家美宿，把自家的店嵌入进去。

（3）与民宿主人有关的故事。主人是一家民宿的灵魂，通过对主人故事的阐述引起共鸣，如为什么放弃城市优越工作跑去做客栈。这样的内容可能不会持续，只能发布几次。如图11-4所示。

图 11-3　民宿公众号截图（一）

图 11-4　民宿公众号截图（二）

（4）在民宿里发生的故事。民宿经营者可搜集整理发生在民宿里好玩有趣的事情做为内容。

（5）受用户关注的内容。民宿经营者可利用百度指数分析用户关注内容指数，将地区需求图谱里的要素作为内容。

比如，以丽江为例，图谱里面搜索趋势上升的要素是"丽江天气""丽江自由游攻略""大理""香格里拉"，民宿经营者据此可以选择其中要素作为内容，如大理、丽江旅游攻略等。

对于民宿经营者来说，平时应多积累素材，包括文字及图片，这些素材可以是自己加工的，也可以从网上搜集整理。

11.1.2.4 内容排版

一篇好的文章不仅包括好的内容，更应有一个好的版式。文章的排版属于对内容的二次加工包装，给用户呈现出更好的阅读效果。在排版时候注意文章的段落、字体、文字颜色、行距、底色等。

（1）切忌文章内容纯文字无图片，文字和图片要搭配使用。

（2）标题字数尽量控制在16字内，超过这个字数，一方面会遮挡住封面图片，另一方面会换行，让读者第一眼看不完整标题。

（3）多使用"|或【】"符号，突显标题关键字。

（4）封面图的尺寸调整为像素900px×500px。

（5）文章正文字号以14～18px为宜，以16px最合适。

（6）文章首行无需缩进。如果段落较长，则段落之间空一行，或者插入图片。

（7）可以利用字号、颜色等突显某些关键字。

（8）文章字数不宜太长，控制在两千字左右。

（9）选取的样式风格、颜色尽量统一，不然有眼花缭乱的感觉，影响阅读体验。根据文章内容选取风格较为接近的样式。

开店指南

写好后的内容一定先进行预览，查看阅读体验如何、是否有错别字等，之后再发布。

11.1.2.5 内容传播

（1）内容分享。民宿经营者可把内容分享转载到朋友圈、微信群、QQ空间、微博、豆瓣、贴吧、百度文库、知乎等其他平台，进行二次曝光。转载时候最好能够用几句话概括出内容的亮点，引导感兴趣的用户去阅读，这样点击打开率会更高一些。

（2）投稿其他平台发布。局限于平台用户数量有限，民宿经营者可以把好的内容投稿到其他较大的平台，如垂直的旅游、酒店、地方自媒体平台。只要内容质量足够好，完全可以在这些平台产生很大的曝光度。

11.1.2.6 发布时间

内容发布时间尽量选取用户使用平台高峰期时段。以微信为例，微信用户每天高峰期时段为中午和晚上10:00左右。可以选择在这两个时间段发布，同时尽量选择周末时间段发布，如周六晚上。

11.1.3 自媒体推广渠道的选择

自媒体的平台渠道选择，也决定了民宿运营的好坏和流量的多少，民宿经营者需要懂得多种平台推广方式，比如朋友圈、微信公众号、小程序、抖音、快手等。

11.1.3.1 选择自媒体平台

对于民宿经营者来说，如果想要利用自媒体宣传，而本身对自媒体运营又比较感兴趣，甚至有一定的经验，就可以考虑自己做一个官方号。内容形式是图文型的还是视频形式的，那就要根据创作的难易程度、花费的成本来考量。有些体量非常大的民宿甚至会请专业的运营人员去做自媒体账号。

现今形形色色的自媒体渠道数不胜数，如微信公众号、头条号、百家号等综合自媒体平台，还有抖音、快手等小视频平台。具体如图11-5所示。

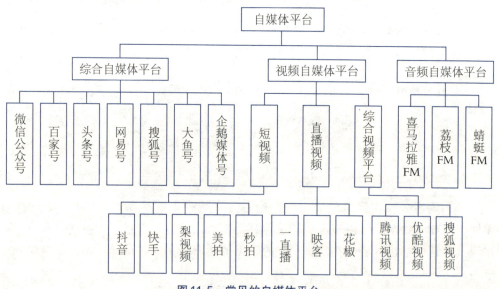

图11-5 常见的自媒体平台

每个平台的选择，内容要有差异化。

比如，微信公众号与小程序适合传达介绍与消费者黏性运营；抖音适合创意和活动视频。

这些渠道都是可以着手去做的，但不是一把抓，还是需要有针对性的选择。最基础的就是你需要了解这些渠道的活跃用户跟自己的目标客群是不是贴近。

比如，头条号、百家号等自媒体的活跃用户年龄偏大，而抖音、微视等自媒体的活跃用户就偏年轻化，因此你需要有选择地去打造渠道，从而提高推广效果以及提升转化率。

表11-1所示的是3个常见自媒体平台的对比。

表11-1 常见自媒体平台对比

平台名称	简介	优势特点
头条号	综合类内容分发平台，流量巨大	（1）高速成长的新兴创作平台，在应用宝上，今日头条下载量已经达到3.4亿人次 （2）科学和精准的推荐引擎，创作的内容在几秒内就可以抵达目标读者的手机上 （3）平台收益多样化，既有多样头条号的补贴计划，又有各种广告分成、赞赏收入 （4）头条号的两个重要推荐机制：全网首发、原创标签
微信公众平台	依托微信，海量用户	（1）服务号——主要偏于服务交互，认证前后都是每个月可群发4条消息，如果想进行商品售卖，建议可申请服务号 （2）订阅号——主要偏于为用户传达资讯（类似报纸杂志），认证前后都是每天只可以群发一条消息，如果想简单的发送消息，达到宣传效果，建议可选择订阅号 （3）场景丰富，服务号、订阅号可以构建自定义菜单 （4）与用户互动关系强 （5）流量巨大 （6）素材丰富 （7）内容版权保护逐步加强
UC订阅号	依托于UC浏览器和阿里，流量巨大，是一个综合类内容分发平台	（1）UC浏览器目前在移动浏览器APP中位列首位，占据大量市场份额，60亿大流量精准推荐 （2）多种撩粉工具，社群更具黏性 （3）多种商业变现，更多想象空间 （4）阿里强大品牌背书

开店指南

民宿具体如何选择推广渠道，取决于你的核心内容包装后的形式、你家民宿的定位、你的能力来综合决定，而不是所有渠道都去涉及。

11.1.3.2 与外部自媒体合作

民宿经营者如果觉得自己做自媒体花费的成本较高，那么我们可以借助自媒体博主与其合作来进行推广。

通过实践，发现最适合民宿的方式就是资源置换。民宿提供免费食宿和场地，博主负责内容宣传，这种方式很适合小红书博主。粉丝量在10W以下的小红书博主基本是很乐意的，至于博主的联系方式，一般在小红书主页都会有。

而对于抖音等短视频平台，则不太适合这种方式，因为短视频的精准度相对较低，除非你找到民宿垂直类的内容创作者，但一般有一定量粉丝的博主都是收费的，而且价格不低，转化率也很难说。你可以找一些粉丝量相对较少，如15万以下的粉丝量，然后你拍摄视频提供给他，他帮你免费发布。

11.2 微信推广

微信已经成为当前交流软件中最常用的软件。微信在加强沟通交流的同时，也为新媒体市场发展提供了更多的机遇，成为重要的营销渠道。

11.2.1 微信公众号推广

现在有很多民宿经营者开通了微信公众号，通过微信公众号来导流并推广自己的民宿。那么民宿经营者该如何通过微信公众号来进行推广呢？可参考图11-6所示的技巧。

图11-6　微信公众号推广的技巧

11.2.1.1 持续输出内容

保持微信公众号的持续更新，这样可以让客人在关注公众号后持续接收民宿主想传达给客户的信息，并且一直在进行更新的公众号才会让客人保持关注，如果公众号很久才更新一篇，客人从公众号这里获取不到民宿的新信息，就很难让客人继续关注，反而达不到想要营销的效果。

11.2.1.2 内容有价值

公众号更新的内容需要有趣、有价值，能让客人产生想要收藏分享的心理，从而传播给更多人。内容可以展示民宿的优点，也可以发布民宿附近的旅游景点信息。

开店指南

在展现内容过程中，一般是图文结合的形式，而拍摄的图片需要精美，能让人产生想立刻入住的感觉。

11.2.1.3 方便快捷的体验

民宿除了需要靠微信公众号传递信息，也可以依靠微信公众号或者微信小程序提供给客人更方便快捷的体验，比如通过微信下单、订房、入住。良好的客户体验才能带来更高的商业价值。

相关链接

民宿公众号文案内容创作

有些民宿主在运营民宿公众号的时候，文案撰写总是找不到灵感来源，有时候又不知道写些什么类型的东西能够吸引大众的视线，更好地宣传自己的民宿。对此，民宿主对公众号的内容创作可以从以下4个方面着手。

1. 民宿日常

目前，民宿公众号中发布内容最常见的，是一些跟民宿相关的消息，比如房源预订、风格转变、员工招聘等，当然作为通知的途径，这也不失一种快速有效的扩散方式。

针对民宿的各类调整，民宿经营者可以提前在公众号发布一些相关的信息，让关注的人了解到民宿的变化，随时更新进度和图片，给予读者真切的感受。在一些可调节的部分，做一个投票和交流的平台，让粉丝投票选择，增加互动感和参与度，从而提升公众号整体活跃度。

2. 住客故事

"每一个旅途中人,都有自己精彩纷呈的人生"。每一位来入住的房客,都或多或少有着自己的故事,而一切灵感的来源,也是大家不同人生的碰撞。

民宿经营者可以主动和住客多沟通,了解他们的旅行故事,或者一些生活中的感悟。可以给民宿增设一些类似夜谈会之类的活动,民宿经营者和住客围坐在一起交谈、游戏,趣味性也一定很足。大家可以互相聊天沟通,谈论一些感兴趣的话题,民宿经营者可以在这些交谈的只言片语中获取灵感完成房客故事的文案;也可以搞一个房客文案的征集,让住客自己写出故事,可以是和民宿、旅行有关的,入选的文章可以在公众号上发表,并给予参与以及入选房客不同的报酬,也可以用房券或伴手礼的方式表示。

3. 紧跟热点

当今社会,网络信息发达,可能随便发生的某次社会事件,或者热播电视的一句台词,就很容易引发热点讨论,而紧跟民众视线热点进行文章的编写发布,不仅能更容易得到大家的共鸣,也给民宿经营者带来了丰富的文案素材。

比如,被大家热议的"青岛民宿摄像头"事件,就曾引起了公众极大的热议和重视,参与讨论的人亦是非常多,在这样的情况下,民宿的公众号完全可以出一篇关于民宿安全方面的文章,可以从民宿经营者的角度撰写民宿目前所拥有的保护设施,以及一些关于房客隐私的保护;另外可以在文章中给予房客一些自我保护的建议,比如如何发现民宿内隐形摄像头等内容,既能够表明自家民宿的安全度,也给到房客一些真实有用的干货内容,增加文章的价值。

4. 经营琐事

关于民宿公众号的文案,还有一类比较受人欢迎的就是民宿经营日常的一些琐事,可以是遇见的一些暖心小事,也可以是絮絮叨叨的小吐槽。

民宿区别于酒店的最大原因,就是它有足够的人气儿,也可以说是跟随民宿经营者的个人意志的,民宿的灵魂就是整个的主人文化,所以在公众号中时不时分享一些经营中遇见的喜怒哀乐,完全可以达到引起共鸣的目的,也可以表明一些民宿针对某些事情的态度,让住客通过文字更加详细的了解民宿经营者的内心世界以及民宿的主人文化,达成更好的宣传效果,从而做好公众号的文章。

总之,文案的来源可以是生活中的方方面面,人们爱看的内容也是各不相同的,作为民宿经营者,用心编撰,带有感情色彩的文案一定是最让人满意的。

11.2.2 个人微信号推广

如果一家民宿和客栈的生意来源不靠OTA平台的支持，单靠自己和员工的个人微信号，每天都有微信的朋友们远道而来住自己的客栈，那该是多么美好啊！而要想做到这点，也不难，民宿经营者可以参考图11-7所示的技巧来实现。

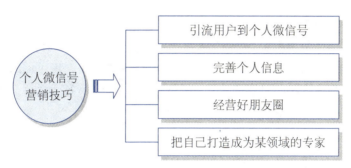

图11-7　个人微信号营销技巧

11.2.2.1　引流用户到个人微信号

有了粉丝之后，就有了客人，因为他们在关注的同时对你也产生了兴趣，等他们来到你的城市旅游时就会首先想到你，他要来看你的生活，享受你每天体验的场景。

（1）用微博进行引流。作为用户来说，民宿和客栈住宿都是旅游业的衍生品，大家都喜欢美好的事物。

比如，大理下雨后经常会出现彩虹，你可以拍张照片发布到微博，这样很多人看到后会转发分享。

总之，要多分享充满正能量的精神和美好的东西传播给周边的人，还要经常关注热点，借势进行营销。

（2）利用自媒体平台引流。民宿经营者可以申请一个当地的类似美食向导或者旅游向导类的账号，经常在这些自媒体平台进行创作更新，和粉丝互动。

 开店指南

> 民宿经营者要在微博标签和媒体账号上都留本人的个人微信号，才能把这些粉丝导入到微信。

11.2.2.2　完善个人信息

（1）选择正确的头像。微信营销的目的就是希望先"卖人"后"卖服务"，所以民宿经营者可以将真实的自己展现给对方。

> 真实的头像能够在添加陌生人时加大通过率。最好不要使用卡通类、美颜后的自拍、宠物类作为头像。

（2）合适的微信名字。与头像目的一样，名字也能将最真实的自己营销给对方，所以理想的方式就是大方地将自己的真名设为微信名。也可运用英文名以及小名，这样会更有亲切感，且容易记忆。但前提是，你的小名或者英文名在你的生活中、工作中是广为人知的。

> 虽然加上 AAA 在名字前的方式很容易将自己的联系方式放在通讯录靠前的位置，但是这种方式特别容易被客户屏蔽。

（3）用你的签名来为你做广告。个性签名在微信的各类设置中相对来说是比较不起眼的，但是对于营销型的微信来说还是希望借由这里的文字给自己做广告，同时将自己的联系方式、简介公之于众。

个性签名可以简单介绍自己，或者写一个微信订房享受折扣优惠的信息。在平时维护中可以定期更新，将店里最近活动以及优惠信息进行发布。

11.2.2.3　经营好朋友圈

做好营销型的个人微信号，经营好朋友圈至关重要。要点如下。

11.2.2.4　把自己打造成为某领域的专家

一般来说，民宿经营者大多都有自己的兴趣爱好，比如滑雪、爬山、瑜伽、唱歌等。在进行自我宣传的时候，多发与自己兴趣爱好相关的充满正能量的内容会吸引同频者，这样他们会把你当志同道合的朋友来看待，那他们去你店所在的地方就会找你学习、沟通。

总之，通过自媒体营销，我们从淘宝、微博、各种平台上吸引来的粉丝，通过微信沉淀为我们的朋友，这将是黏性最好、忠诚度最高的客人。如果你的民宿有活动，他们会非常开心地帮你分享，周边有朋友要去你的城市旅游，也会积极地帮你推荐。

> **开店指南**
>
> 真正的好民宿,并不在于环境多么优美、设计多么完美、用品多么高端,而在于民宿经营者是不是具有社交属性,有没有给人一种大家是共同频道的吸引力,是不是很容易交流、喜欢交朋友。

11.2.3 微信朋友圈推广

民宿自媒体中的朋友圈,房东该如何进行合理有效的利用,给予民宿更好的宣传从而维护好既有客户、挖掘潜在客户呢?可参考以下建议。

11.2.3.1 民宿日常更新

民宿经营者微信加的人员基本都是一些曾经入住过的房客以及通过APP了解之后进行深入沟通过的潜在房客,那么对这部分人而言,就会关注民宿经营者朋友圈的动态。

比如民宿整体风格的软装改变、家居用品的更新替换等,甚至于内部价格的调整、余房信息的发布等这些关于民宿的动态,都可以编辑一下适当地在朋友圈进行发布。

民宿经营者在编写此类信息时,要做到简明扼要,将所要表达的信息准确说明即可,最重要的目的是给予房客真实准确的信息,以便让他们能够对民宿的最新动态有足够的了解。

11.2.3.2 房东的日常生活

民宿区别于酒店最大的一点就在于其中的人情味儿,以及带着当地生活气息的烟火气,房东可以将民宿的账号和自己的生活合二为一,偶尔分享一些生活琐事以及自身感悟,也可以适当融入一些民宿的元素。

比如可以分享一些自己在经营民宿的过程中,遇见的某一件啼笑皆非的事情,配上民宿的背景图片;也可以做一些真情实感的微吐槽,让整个民宿的形象更加立体化,让房客体验到房东生活的与众不同;甚至可以是在外出的时候分享一些沿途的风景,与民宿毫不相干的文字,拉近整体的距离,让民宿的朋友圈也像日常的老朋友一样,有感情和温度。

11.2.3.3 热点互动

还有一点这里要提及的就是热点和优惠,这里的热点指的是突然发生的某件重要的事情、重大的节日等，民宿可以在朋友圈中表达一下自己的看法和建议，和大家一起参与到事件的讨论当中，增加互动感；另外，遇见国家一些法定的节假日，为了避免造成他人的困扰，也可以在朋友圈中给大家表示一些祝福，以此替换掉"不走心"的群发祝福。

11.2.3.4 发布优惠信息

关于优惠，遇到一些节日或者平日里有纪念意义的日子，民宿也可以适当地在朋友圈散发一些优惠，点赞、抽奖等各种方式都可以作为优惠发放的途径，总之就是调动大家的积极性，同时也给出一些实际的优惠活动。

11.2.3.5 房客点评

房客的点评是他们在入住民宿之后对民宿做出的体验评价，这些评价可以在OTA或者他们自己的自媒体以及更多的地方发布，而且能够作为后续房客预订民宿的重要依据。

房东可以在征得房客同意的前提下，截取一些优质的评价发布在自己的朋友圈，用入住过游客的真情实感来进行宣传，同时也给予他人很强的真实感。要知道，在朋友圈中适当加入一些房客的点评也是民宿宣传的一种很好的方式。

开店指南

> 民宿经营者如果能合理利用自媒体，就能够给予民宿足够的宣传和曝光度，从而增加民宿的整体效益。

11.3 抖音推广

能够全方面展示真实场景的内容，对于获得年轻用户信任感越来越重要，民宿客栈在抖音需要这种给用户立体展示的领域里，迎来了新的发展机会。

11.3.1 适合抖音推广的民宿

目前抖音推广的确很火，但并非适用于所有民宿。那究竟什么样的民宿适合在抖音上进行推广呢？从统计数据上看，抖音上40岁以下的用户占90%，年轻用户是抖音的主要群体，而这一部分人恰好也是酒店和民宿的最大消费群体。从性别比例上看，女性用户占55%，男性用户占45%，晒图和分享的主要都是女性。从地域分布上看，一二线城市的用户超过了50%，也就是说，大量的抖音用户潜在消费能力都比较强。

不管从哪一个维度来看，抖音的用户群体都非常契合酒店和民宿的市场，所以从现有的用户客群出发，如图11-8所示的3种类型的民宿更适合在抖音上进行营销。

类型一　空间场景多，装修风格独特

能够全方面展示民宿环境的内容对于获得用户信任感越来越重要，抖音在民宿环境这种需要立体给用户展示的领域里迎来了新的发展机会

类型二　拥有良好会员体系及口碑 IP 价值的民宿

这类民宿，在抖音上将会迎来新的与用户面对面互动的方式，比如抖音中有很多大品牌都在使用人格化的方式进行品牌的营销

类型三　体验式消费服务品牌适合在抖音进行营销

所谓体验式消费本身就是媒体中内容的一种，体验的过程就是内容，比如住宿、餐饮在消费过程中就会天然产生内容，很多民宿也具有重新构建自己品牌的机会

图 11-8　适合抖音推广的民宿

11.3.2　抖音推广的技巧

民宿主在利用抖音进行推广时，可参考以下的技巧。

11.3.2.1　细节处透露的反差感

价格跟民宿的反差制造了反差感，打破用户的惯性认知。

比如，在抖音中文字描述："强烈推荐这家客栈！真的太好了！要爆炸了！！350一晚！！！只要350元！！！人民币！！"然后再配上精美的民宿视频，能瞬间吸引人的注意力。

看到这条视频的用户在第一秒，跌破常识的客栈价格，文案内容里流露出来的强烈情绪，配上音乐与视觉上体验刺激，让用户对内容的真实性，无从质疑。

11.3.2.2　巧妙运用认知偏差

抖音APP内没有搜索功能，用户点进抖音后，系统会自动推荐用户感兴趣的

内容，再加上抖音后台超强的AI内容匹配算法，直接突显了抖音对用户认知偏差的超强的操控力。

在这种状况下，人的认知是不客观的，更容易冲动消费。这个渠道对于刚成立的民宿，是最简单高效的突破口。

11.3.2.3 全方面展示客栈环境

多场景切换，为客人全方面地展示客栈的内部环境，让客人在短短的15秒内就有了"身临其境"的感觉。

配合富有节奏感的音乐和手势，使得场景切换更为自然，让看到视频的人无意识中不厌其烦地反复重播视频，记忆更加深刻。

11.3.2.4 抓住用户的当下参与感

拍摄视频的主角往往是普通用户，呈现的内容也往往是普通用户生活中的小亮点。视频开篇只是一个朴素低调的小门，但随后的视频却是一幅开阔的店内景象。很轻松地用反差的小手段，不仅让用户感觉到新奇，还让用户拥有了当下的参与感。

如果这条视频是直接拍民宿内部，则用户很难进入状态，让自己代入。而视频制作者从一步步进门的节奏开拍，视线景物所出现的改变都时刻刺激着用户，用户在刷抖音的过程中，很容易有身临其境的感觉，会不知不觉接收着来自视频制作者的信息。

所以，一个让用户感到很真实，同时又有趣、不拖沓的15秒的小视频，不占用用户太多的时间，同时制作又很方便，这一切特质，都激发了抖音用户极高的参与感。

当用户愿意参与其中，一遍遍看你发布的视频的时候，你的民宿客栈就开始带有"魔性"了。

11.3.3 抖音的运营

对于民宿而言，运营抖音分为图11-9所示的3个部分。

图11-9 民宿的抖音运营

11.3.3.1 账号定位

在选择账号定位的过程中,民宿主可以从图11-10所示的4个方面去考虑。

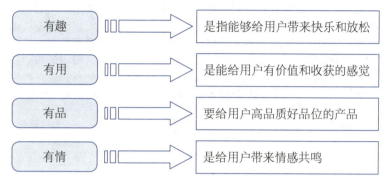

图11-10 账号定位的考虑因素

11.3.3.2 品牌植入

在确定好账号定位之后,图11-11所示的4个方法可以自然地将品牌植入到日常的视频内容中。

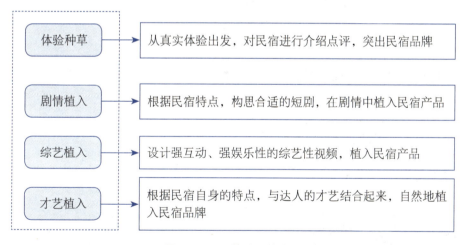

图11-11 品牌植入的方法

11.3.3.3 长效运营

搭建企业抖音号并非一朝一夕,而是需要长效运营。从时间段上来看,可以分为图11-12所示的3个阶段。

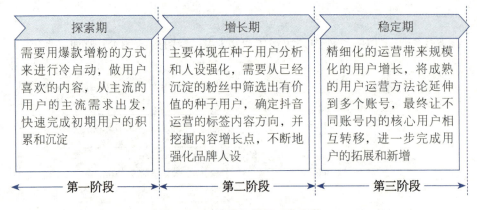

图 11-12　长效运营的三个阶段

11.4　直播推广

民宿本质上也属于"粉丝经济",只要获得客人的青睐和认可,那么每一个人都有可能成为某某民宿的粉丝。由民宿主亲自出镜看美屋美景,讲民宿故事,曝才艺技能,短时间内就能吸引一大批粉丝聚集。

11.4.1　民宿直播的好处

对房东来说,直播优势有很多,零成本、好实现、形式丰富、实时互动、积累粉丝,最后还能直接促销引导客人预订。

11.4.2　民宿直播的三要素

民宿直播的三要素如图11-13所示。

图 11-13　民宿直播的三要素

11.4.2.1　人

(1)了解客群。谁会来看你的民宿直播?根据目标定位,策划客人喜爱的主题是直播开始的前提。民宿主要抓住客人的痒点,痒点就是满足客人心中的"想要",让他在看你直播时会情不自禁地投入情景中,心里痒痒的特别向往,通过一个镜头就让他身不在远方，心却去了远方。

（2）房东人设。民宿不是冰冷的几面墙，它区别于其他住宿业就在于具备社交的性质，直播时房东不要吝啬展示自己，要用热情的服务、动人的故事、对生活的理解去吸引同频的人，换句话说一场直播是否能迅速抓人眼球，灵魂就在于房东本身。

（3）增强互动。直播是一群人的狂欢。一个人干巴巴地讲故事、介绍产品很容易引起尬聊，电商直播通常会发一些福利、抽奖、红包等，房东们在借鉴之余也要结合自身情况，因地制宜。

11.4.2.2 物

（1）策划脚本。完整的直播需要提前写好脚本，正常的直播流程大概分为图11-14所示的6个步骤。

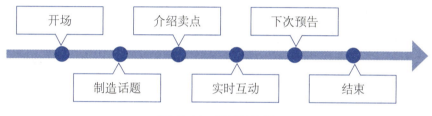

图 11-14　直播的流程

（2）卖点讲解。脚本中最重要的一环就是展示卖点，每一个爆款民宿背后，都有独特的亮点，需要作为主播的房东去一一讲解，客人感兴趣的点一般围绕图11-15所示的6方面展开。

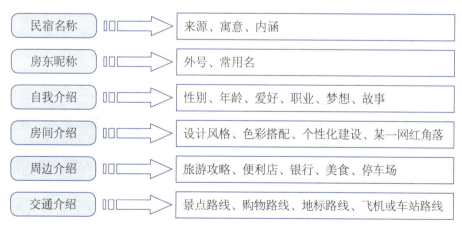

图 11-15　客人感兴趣的卖点

（3）促销变现。"直播带看房"最终的目的是为了吸引客人预订，展示完卖点，激发起客人欲望，最好立刻引导客人下单。一般直播间常用的促销方法有图11-16所示的两种。

价格锚点
先抛出民宿的原价，再告诉大家通过直播间可以优惠打折，这样客人会产生意愿，觉得现在预订很实惠

限时限量
客人即便知道优惠打折，心动之余还是会有所犹豫，这时需要设置一个门槛，告诉大家本次优惠限额多少人、截止什么时间结束，刺激客人做出最后的下单选择

图11-16　直播间常用的促销方法

11.4.2.3　场

场，顾名思义就是房东需要一个固定的直播平台和直播间。目前市场可支持直播的软件有数百个，如最热门的抖音、快手，房东们挑选适合自己的就好。

> **开店指南**
>
> 长远来看，民宿直播具备长线价值，作为一个非常好的载体，它可以做民宿交易、品牌曝光、营销发券、积累粉丝，从过去的传统粗放式经营开始向精细化流量运营变革。

11.4.3　民宿直播的要点

民宿主在进行民宿直播时，要注意以下3点。

11.4.3.1　保证直播时长和频次

首先，保证直播时长是对直播账号最基本的要求。如果民宿主是一个新手主播，那直播时长就更重要了。一般建议做到每天直播，每次直播至少2个小时。如果无法做到每天直播，也要做到每周直播2～3次。

其次，直播账号要保证直播频次，尽量保证按时直播，保证直播开播时间的规律性。

比如，你计划每周二、周四、周六三天直播，就保证这三天直播时间的规律性。每天晚上8点到11点直播，或者每天白天固定时间段直播。

这样做有利于积累直播时长，提升直播间权重，规律的直播时间也能让粉丝养成定时定点进入直播间的习惯。

11.4.3.2　多与粉丝互动

对于民宿新主播来说，由于前期人气不旺，就需要多做价值输出分享，多与粉丝互动，引导大家刷礼物。刷的礼物越多，直播音浪越高，直播间的权重就会得到提升，直播观看人数就会越来越多。形成这样的良性循环后，你再到直播间带货，就能提升转化率。

11.4.3.3　挖掘核心用户

什么是核心用户？就是那些在直播平台活跃度高且愿意与人进行互动，并且会持续关注你的内容，跟你的目标群体具有高契合度的用户。民宿主将这些核心用户筛选出来后，就可以对视频内容做强化。

首先，建立一个核心用户的画像。在用户池中来寻找点赞、评论行为高于平均水平，并且符合自己品牌形象的用户群体进行分析，形成一个核心种子用户池。然后，再根据他们的偏好，来制定我们的视频内容，按我们的标签进行优质内容的输出，吸引更多的优质用户关注我们。最后，就是精细化运营，持续稳定的输出，做优质的内容以此来增加用户黏性。

开店指南

民宿主可以基于不同目标来建立账号及孵化出新的直播账号，最终让你的核心用户在不同账号中相互转移，进而形成强大的品牌宣传力。

相关链接

飞猪联合小猪短租启动民宿直播

2020年5月9日，飞猪联合小猪短租启动"一起云春游"五月专场民宿直播活动，邀请旅游博主直播打卡综艺网红乡村民宿，为游客种草全国特色民宿。首场直播活动民宿阵容包括参与录制央视综艺《你好，生活》，拥有私享高山云海流水和丰富多彩四季活动体验的杭州菩提谷民宿；《天天向上》倾情推荐，被称为现实版"纪念碑谷"的莫干山小筑民宿。《亲爱的客栈》爆红全网。

拥有大漠、黄河、戈壁、星空一体景色的中卫飞茑集民宿，飞猪千万级粉丝旅游博主房琪KiKi、Hi走啦，以及民宿试睡达人见公子进店直播，为粉丝带来新鲜直观、好玩有趣的互动体验。根据小猪店铺数据显示，三场直播累计观看人数超300万，直播累计成交量破100万，其中直播民宿莫干山小筑直播仅1小时就售出2月民宿库存。

2020年的新型冠状肺炎疫情催生了以直播为入口的"云旅游"热潮，也是飞猪自疫情暴发后的新业务增长点，在民宿直播领域，据小猪方面透露，民宿直播是小猪和飞猪重要的合作板块，双方直播合作，从2018年飞猪上线民宿短租频道起就已经展开，2019年飞猪超品日期间，小猪上的近百位房东就已经在飞猪累计进行了100余小时的直播。

小猪业务负责人表示，"民宿云旅游"与一般的直播带货不同，观众的心理预期往往不是从消费开始的，而是被好玩特色的民宿或有趣的体验而吸引，这意味着"民宿直播"有更高的直播标准，需要坚持耕耘具有互动感和体验感的内容深度，把握粉丝深层次旅行住宿需求。

第 12 章
传统推广

导言

虽说现在是智能化、网络化的时代，对于民宿主来说，传统推广的方式也不能放弃，在做好线上平台推广的同时，也要做好软文推广、口碑营销、品牌营销等工作，从各个角度吸引客人到店。

本章导视图

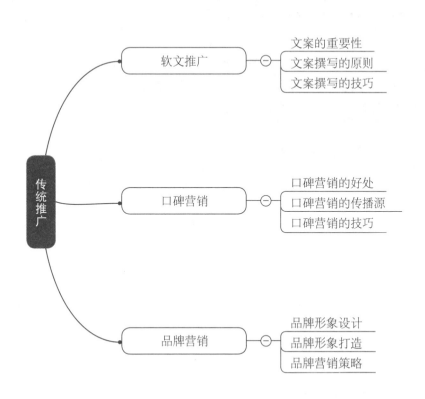

12.1 软文推广

由于软文的高性价比、转载性、影响效果的持续性，我们可以把自家民宿特色、品牌、联系方式等巧妙地撰写软文发布在各大旅游类平台、酒店民宿类平台，以及豆瓣、贴吧、知乎等平台，吸引流量、扩大影响。只要我们的民宿特色鲜明、服务周到，能够带给游客不一样的住宿体验，流量自然而来，口碑自然而来。

12.1.1 文案的重要性

民宿文案不是简单随便写上几句内容介绍而已。如果把OTA上展示的民宿图片作为招牌，吸引人点进来看详情，那房源介绍就是一个滑梯，优秀的文案可以让客户不知不觉中直接滑到"预订购买"的阶段。因此，民宿文案绝不是随便写写就可以。我们看到的多数的优秀文案，往往都能够令人产生情感的共鸣或认同。

比如，湖南卫视在《亲爱的客栈》中的文案，正是因为有情有趣，便让人产生留恋在此地的欲望。

与图片所传递的信息不同，文案是一种直入人心的，能够唤起情感的，甚至耐人寻味的一种宣传方式，也正因为文案具有如此独特的魅力，文案往往会介入品牌建设的始终，包括命名、口号、推广文案等。

12.1.2 文案撰写的原则

在民宿的营销推广中，所需要的文案应具备图12-1所示的法则。

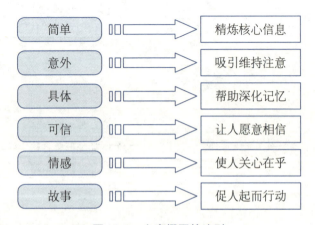

图 12-1 文案撰写的法则

12.1.2.1 简单——精炼核心信息

这里"简单"的含义,是便于让消费者记住。就民宿而言,不论是名称还是口号,都要通俗易懂,并朗朗上口。

比如,北京的人气网红民宿"白鸟集",会让多数人感觉到它的轻灵、自由、放松,而对于文化人来讲,又会联想到泰戈尔所写的诗集《飞鸟集》。

就北京的众多民宿业态而言,类似白鸟集这样朗朗上口的民宿也有很多,诸如"山楂小院""山里寒舍""渔唐"等,这些都是北京区域的网红民宿,不仅创造了全年营销入住的神话,同时也是北方民宿的代表,它们的走红,文案的加持起到了很大的作用。从品牌名称上,通过具体事物的借代与引用,便将核心信息提炼无余。没有生僻字,便于记忆,容易理解,也能够让人们产生情感认同。

12.1.2.2 意外——吸引维持注意

山楂小院曾经有过一篇自媒体推文,描述了雪后的院落,共享天伦的一家人,活泼嬉笑的孩童、放松身心的家长,这一幕相信很多人都有印象,并且念念不忘。为何?因为它营造了一种不同于城市生活的生活场景,可能是70后、80后儿时的记忆,可能是90后,甚至00后猎奇的新鲜事物,但不可否认的是,它其实是一场"意外"。

用神来之笔,描写意外的场景,当属陶渊明笔下的《桃花源记》,"夹岸数百步,中无杂树,芳草鲜美,落英缤纷……"这是多少城市人梦中的理想居所啊,民宿其实就是要将它再现出来,所以我们热爱民宿。这意外之笔的描述,在于走心,它可以是景色、是物产、是民俗、是风情。

12.1.2.3 具体——帮助深化记忆

说到具体,应当是心路历程的再现。出于何种初心、缘由怎样的契机,让民宿经营者开始了一段与民宿相亲相爱的记忆。

比如,薰衣草森林的创办人,也是缓慢民宿的创办人,对北海道情有独钟,因为当地遍野薰衣草花田的震撼与启发,所以回到台湾省,开设了薰衣草森林。如图12-2所示。

梦的源头,都从北海道美瑛开始……

具体的重点要写出自己创办品牌是因何感动,再写出由这份感动产生何种梦想,最后写出此梦想如何带给别人感动,希望别人感动之后有何改变,这种连续不断的关联,就是读者最需要的文案内容。

夢的源頭，都從北海道美瑛開始……

图 12-2　文案截图

12.1.2.4　可信——让人愿意相信

文案是借用多种手法，用以吸引读者产生兴趣，从而达到营销推广作用的手段。我们常说，"术法有千万般变化，而道法自然"。其实就是说，不管做何事，都要"实事求是"，要有事实依据，不要夸张怪诞，更不要欺骗消费者。民宿的推广文案，可以用优美的辞藻堆砌，用丰富的修辞装扮，但最基本的一条，不能脱离实际。

你通过虚假宣传欺骗消费者上当之后，结果是非常严重的。不仅消费者会在OTA平台、各大自媒体以及社群中，发布自己的体验心得点评，甚至会受到相关部门的关注，如果再受到制裁或惩罚，那简直是得不偿失的事情。因此，文案一定要建立在可信的基础上。

12.1.2.5　情感——使人关心在乎

优秀的文案，能够化腐朽为神奇，通过最简单的文字，轻柔委婉的，就像和一个很好的朋友谈心，让人觉得放松，能够润物无声，不经意的直入人的内心，撬动人的情感。

文案能够提升民宿与用户之间的好感，但这还远远不够。文案的目的并不仅是让消费者产生情感，而是要继续撩拨人们的欲望，只是这个欲望的表现点更加隐晦、清新一些，重在"情"字。传递一种民宿所具有的温情、热情，甚至长情，从而让消费者按捺不住，跃跃欲试。文案的作用就是让这样的潜在需求升华。

12.1.2.6　故事——促人起而行动

人与人之间的交往，其实本质是故事的交换，没有人是不喜欢故事的。多数人去拉萨是为了朝圣，来北京是为了瞻仰首都，去丽江多数是为了寻找"艳遇"……林林总总，其实都是为了寻求一段故事。这故事可以是已经存在的，也可以是尚未发生的。多数人入住民宿，寻求的其实是一种发生"故事"的可能。

你有好的故事，就不怕没有读者。因此文案的作用，同样要赋予民宿一个好的故事，这故事可以跌宕起伏，可以发人深省，可以痛彻心扉。但不管是怎样的故事，都会有它特定的读者，对于民宿经营者来说，需要的就是吸引这些特定的读者，让其与你的民宿产生关系，从而让民宿的故事谱写一出又一出。

12.1.3　文案撰写的技巧

一切广告文案，都是为了引导用户做出改变，改变他们的想法和态度，让他们往我们想要的方向改变，达到我们的预设目标。因此，民宿文案在撰写过程中应掌握图12-3所示的技巧。

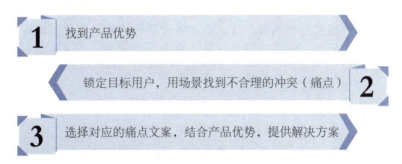

图12-3　文案撰写的技巧

12.1.3.1　找到产品优势

优势是指比对方有利的形势，泛指处于较有利的形势或环境或在某些方面超过同类的形势。我们可以理解为，它是用户大脑里关于你的产品可描述的优异点。因此，只有找到产品优势，才能更好地与用户需求结合，在市场竞争中赢得先机。

那么，我们应该如何来找产品优势呢？我们可以将产品属性分为多个维度来分析，比如基本属性（包括颜色、尺寸、材质等）、功能属性、品牌属性、价格等，找出最具竞争力，最能打动用户需求的属性。

下面以××民宿为例，来介绍如何找到产品的优势。

××民宿的背景如下。

××民宿最初是一家只有几间房的家庭旅馆。创始人希望旅行者不用面对千篇一律的酒店风，比如统一的白床单、缺乏个性化的房间，而是可以感受当地民俗风情，感受不一样的风景线。所以，他特地将房间设计得温馨又舒适，住过的人都喜欢上了这里的亲切和自在感，继而口碑相传，使得粉丝越来越多。如今，××

民宿逐步扩张升级，做成了拥有自己风格、特色的精品民宿酒店。在重庆、长沙、北京、广州等地开店，几乎每个店都有自己独特的风格特色，而店长也很容易和客人成为朋友。但是面对竞争越来越激烈的酒店行业，××民宿也需要突破重围，吸引更多用户。

所以，在做××民宿的文案前，我们需要先了解以下3个问题。

（1）××民宿能满足用户的什么需求。

（2）住民宿的人群的痛点是什么。

（3）为什么是民宿这个形态能解决痛点。

答案是它能满足用户对性能、新颖和理想自我的需求。因为喜欢住民宿的人一般都是比较有个性，喜欢深度游的年轻人。这类人群不喜欢服务、设计千篇一律的酒店，他们更喜欢感受当地风俗人情，获得不一样的惊喜和收获。民宿弥补了传统酒店这一缺失，更加关注用户需求，从服务到设计都更有人情味儿，为用户提供他们想要的个性化、人性化、理想化的住宿体验。

因此，我们可以开始为××民宿进行行业的差异化定位，找出××民宿区别于传统酒店的优势。

（1）风格差异化的城市店设计：博物馆风、邮局风、复古风等。

（2）像家一样的房间设计：小鸟杯子、铁艺茶几、皮沙发等，像家一样温馨、自在。

（3）处处皆美景：从大厅到走廊，再到房间里，每一处设计都充满个性美。

（4）人性化功能布局：干湿分离。

（5）丰富的线下活动：普吉岛、多美娜等海之旅。

（6）像朋友一样的店长：介绍当地好吃的好玩的，一起畅谈人生。

当我们找出××民宿区别于传统酒店的差异化优势，便可以找出与目标用户最贴切的需求进行主打，即找出当下的不合理，并放大痛点。

12.1.3.2　锁定目标用户后用场景找到不合理的冲突（痛点）

所谓目标用户就是企业或商家提供产品、服务的对象。目标用户是市场营销工作的前端，只有确立了消费群体中的某类目标用户，才能有针对地进行找需求、抓痛点，并制定营销目标等工作。我们可以通过5W2H（Who，Where，When，What，Why，How，Howmuch）还原场景，分析目标用户的需求，找到他们对当下的不满，从而抓住冲突产生的痛点。

比如上例中，在为××民宿宣传的时候，我们需要考虑到当下市场情况，由于做体验、个性化的酒店越来越多，如擅长场景化营销的亚朵、专注线下活动的瓦当瓦舍等，与他们竞争并无太多优势可言，因此我们将目标用户主要锁定为还在住传统酒店的人群。这群人主要为旅行者，也有一些其他人群，比如商务人士，我们可以通过5W2H还原场景，找到当下的不合理，进行痛点分析。如表12-1所示。

表12-1 痛点分析

场景一	需求（本来希望……）	当下现状	冲突（痛点）
Who：需要出差的人 Where：同等价位的传统商务酒店 When：出差 What：休息 Why：出差需要在外地给自己找一个临时的"家" How：一早狂奔见客户，晚上很晚才回酒店 How much：一早四五点起床出门赶飞机，晚上十一点多才结束工作	早出晚归、很累，希望住到出入方便，像家一般舒适、有品质的酒店（性能需求）	住的传统酒店多设施陈旧、布局简单、服务环境差强人意	出差本来就很累，还往得不称心
场景二	需求（本来希望……）	当下现状	冲突（痛点）
Who：自由行的人 Where：传统酒店 When：旅行 What：感受当地风俗人情 Why：旅行的精华就在于亲身体验，过别人的人生 How：吃当地特产美食，和当地人交流，逛当地有特色的街巷 How much：随时随地游览，无规律时间	获得不一样的体验（新颖需求）	住的酒店都是统一白床单，千篇一律的"标配"	吃当地美食，逛特色街巷，就是住的地方没特色，感觉像一直没有变过
场景三	需求（本来希望……）	当下现状	冲突（痛点）
Who：自由行的人 Where：同等价位的传统酒店 When：旅行 What：拍照 Why：留做纪念 How：逛的、吃的、住的，只要能秀的风景都拍 How much：一到目的地就开始拍，每到一个目的地都想拍，比如酒店	无论何时何地，都可以拍各种好看的照片，包括酒店，可以在朋友圈秀，让大家羡慕、点赞（理想自我）	住的酒店太普通，没法拍美景	出门旅行，24小时至少有三分之一时间花在酒店里，却没法拍一张好看的场景秀

12.1.3.3 选择对应的痛点文案并结合产品优势提供解决方案

为什么说痛点文案可以唤起用户动机？就是因为它能替用户说出他们的痛点，并且给予可行性的解决方案，为他们设计出最简单的行动路径。

我们所找到的用户需求不一定全是他们的痛点，但是痛点一定是需求。大多数情况下，用户的冲突都是心理上的冲突，所以，痛点文案便是心理冲突的描写，也可以理解为攻心文案。

常见的痛点文案模板有图12-4所示的6种。

自己过去为某些人或某些事付出很多，但是获得的不成正比，付出和收获成冲突，需要一个解决方案（产品），犒赏自己，心里会舒服很多

别人过去为自己付出了很多，自己回报他人却很少，付出和酬劳发生冲突，需要一个解决方案（产品），做一些回报，心里会舒服很多

在类似的条件下，别人却比自己更优秀，或者过得更好，自己和他人处境发生冲突，需要一个解决方案（产品），让心里不再有落差感

你的用户之间常在某些事情上作对比，希望自己的选择更好，可以炫耀，现状和渴望发生冲突，需要一个解决方案（产品），让用户达成一定目标，觉得更优于别人

过去用户会因面临到底选哪个更好更有利而纠结，选择发生了冲突，需要一个解决方案（产品），让用户觉得选择了该产品（方案）会让自己变得更好

用户过去历经了某些不成功、不开心的事，现在面临类似局面不想再经历，新情感与旧经历发生了冲突，需要一个解决方案（产品），让用户可以有更好的选择

图12-4　痛点文案模板

继续以××民宿为例，在我们找到相关的产品痛点以后，便可以选择合适的痛点文案模板进行套用，并且结合××民宿优势，给予用户可行性解决方案。

通过上面对××民宿目标用户的第一个场景分析，我们可以选择"补偿自己",再结合××民宿优势"像家一样的温暖设计",得出痛点文案一,如图12-5所示。

04:30起床狂赶早班机,23:00终于拜访完客户,多么希望此刻回的是"温暖的家"。

我们已备好柔软被褥、慵懒沙发、江景浴缸……只为疲惫的你随时都能"回家"。

图12-5 文案截图(一)

通过对目标用户第二个场景的分析,我们可以选择"一致心理",再结合××民宿优势"风格差异化的城市店设计",得出痛点文案二,如图12-6所示。

吃了18个城市的特色美食,逛了180条风格迥异的街巷,偏偏住的地"一成不变"。

我们已备好,复古、简约、混搭风,只为给你数不完的"惊喜"。

图12-6 文案截图(二)

通过对目标用户第三个场景的分析，我们可以选择"择优心理"，再结合××民宿的优势"个性化设计＋像朋友一样的店长"，得出痛点文案三，如图12-7所示。

旅行就是到别的地方去过别人的生活。

如果连住的地方都千篇一律，还有什么新鲜可谈。

我们已备好有趣的故事和人，还有用色彩说话的房间……××精品民宿酒店，只为诗和远方还有特别的你。

图12-7　文案截图（三）

通过以上三步产生的痛点文案，可大大唤起用户的行动欲望。

总之，想要写出唤起用户行动的痛点文案，一定要先找到产品差异化定位，找到主打需求，再将产品优势和用户痛点绑定，同时将痛点场景化，最后提供可行性解决方案，让用户以最小行动成本就可达成目标。

12.2　口碑营销

口碑营销又称病毒式营销，在今天这个信息爆炸、媒体泛滥的时代里，消费者对广告，甚至新闻，都具有极强的免疫能力，只有制造新颖的口碑传播内容才能吸引大众的关注与议论。

12.2.1　口碑营销的好处

口碑传播带来的客人成本要比OTA平台上客人成本低得多，OTA上来的客人，客栈要返给OTA平台15%左右的佣金，100块钱的房费就要返给15块，对于客栈来说，这是一笔不小的支出。同时，通过口碑推荐的客人更容易成为客栈的下一个口碑传播者。人人皆可成为传播者，在某种程度上，口碑传播者就相当于一个微型OTA平台。

> **开店指南**
>
> 口碑传播需要一个时间积累，短时间内很难奏效，但是当积累到一定程度时候，口碑就会呈爆发式传播扩散。

12.2.2 口碑营销的传播源

一般来说，口碑传播源于图12-8所示的两个方面。

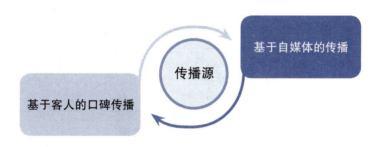

图12-8 口碑营销的传播源

12.2.2.1 基于客人的口碑传播

基于客人的口碑传播，需要做到以下3点。

（1）获取客人好评。获得好评的方法有很多，最直接就是提醒客人写好评。一种是间接暗示法，在房间里面写上一些小纸条"如果您觉得满意，记得给我们一个好评哦。"这是一种暗示法，提醒客人不要忘记写评论。

第二种就是直接提示法，在客人入住或离店时候，工作人员提示客人如果写好评，就会享受一些实惠。比如只要写一个好评，就会有礼物或者优惠券相赠。

第三种是客人主动去写好评，主动为客栈做推广，这是最高境界。想要做到这种境界，那么就要做到客栈整体水平超出客人的心里预期。

（2）做好客人维系工作。也许有人不理解，为什么要做好和客人的维系呢？我跟客人关系再好，他也大概率不会短期内来两次。

下面我们假设一个场景："小张，我想去××景点玩，有什么好的住宿推荐吗？"这就是口碑传播的一个典型的场景。你的民宿给客人留下了好的住宿体验，就会给客人留下好的印象，此时再跟客人维系好了关系，在遇到上述场景的时候，他就会不由自主地想到你，这就相当于为你免费拉到客源。

那么民宿主该怎么做好客人维系呢？具体方法如图12-9所示。

方法一 加客人的微信，为客人们拉一个微信群

固定时间去活跃微信群、清理群，邀请大家在群中畅所欲言，说出对民宿的意见和建议，在微信群中分享自己的生活，通过添加新成员的方式来延长群的寿命

方法二 定期与客人联系

定期与客人聊天，和他们聊聊生活近况，不断地加强和客人之间的关系

方法三 和客人在微博、朋友圈等社交场合进行互动

在客人的微博和朋友圈点赞＋评论，在客人面前刷刷存在感，让他们对你有记忆点，互动时候不要图方便点赞了事，能评论就尽量评论，这样会显得民宿很有诚意

图12-9　与客人维系的方法

（3）给予推荐者利益。通过利益刺激，给予口碑传播者推荐动力。利益可以有很多种，最直接就是房价上的优惠，凡是推荐过来的客人一律优惠××折扣，并且免费赠送××。这样让推荐者很有面子，到时去了报我的名字，老板就给××优惠。给每一个入住过的客人发送一份电子优惠券也是一种好方式。

比如，下面的情景。

小刘：小沈，你上次去三亚住哪家？怎样，有没有好的民宿推荐？

小沈：你要去三亚？问这个你就问对了，强烈推荐××客栈，他们家小院子特别漂亮，养的一只猫特别可爱，关键是老板人特别好，服务非常到位，你去的话我跟老板说下，有打折优惠。

小沈滔滔不绝地介绍着，对客栈情况如数家珍，很快，小沈就帮小刘搞定了预定。小刘很高兴，因为省去了在网上筛选的麻烦；小沈也很高兴，因为帮助了小刘；老板更高兴，通过口碑传播，又获取了一位客人。

推荐行为对决定购买一件产品时候影响很大，推荐行为是一种信息筛选后的信息输出，二者之间关系越亲密，被推荐者对推荐信息越信任。因此，朋友给推荐一

家客栈和一条网络评论推荐相比较,客人肯定更信任朋友的推荐信息。

 **相关链接**

获得客人好评的方法

1. 提供优质、个性化服务

民宿是一种服务行业,应主动、及时、细心提供服务,让客人获得尊崇感。从时间上来说,民宿提供的服务包括三个时间点,客人预订前后、客人入住期间、客人离店后,但是很多民宿提供的服务只是客人入住期间这一阶段,有时候连这一阶段的服务都提供不好。

2. 基础设施完善或补充

保证热水、网络、隔音、卫生、硬件设施等完好。对于一些不能改变的硬件设施,如民宿所处的地理位置是不能改变的,如果地理位置比较偏远,那么要提前把路线发给客人而不是让客人自己找,或者派人出去接客人,这样在一定程度上就弥补了民宿地理位置造成的缺陷。

3. "刺激"客人去写好评

并不是每一位客人都会去写评论。客人去写评论往往受到情绪影响。情绪高亢会写好的评论,情绪低落会写差评。如果是情绪比较平衡,客人一般不会积极去写评论。情绪高亢指的是客人很兴奋、受到感动等产生的情绪。情绪低落是客人心里很压抑,在离店的时候这种情绪并没有消失。

(1)离店时候,送客人一份小小的礼物,哪怕塞给客人一瓶水。这种小价值的东西往往能够产生很大的后期价值。

(2)客人离店后,要继续和客人保持联系。比如打个电话或者在微信上问候客人是否安全到达。

这两种方法能够有效地刺激客人,让客人感受到客栈民宿的温度。这时客人的情绪就被调动起来了,写好评甚至是主动去发朋友圈或者微博做宣传都是自然而然的事情。

4. 合理降低客人的心里预期

要把一些困难提前说给客人,让客人心里有所了解,降低期望值。

比如,客人晚上想出去玩,让客栈帮忙找辆车,但是由于各种原因,这个时间段的车辆很少。客栈老板在答复客人的时候，先把这个时段找车的困难提出来，降低客人的心里预期，接着客栈老板说一定会尽力帮客人找到。最后经过客栈老板努力，帮客人找到了车，这个时候，客人的心里预期先降后升，对客栈老板很感激。

5. 给客人安全感

客人来到一个陌生的地方，安全感不足。客栈民宿要给予客人一种安全感，比如对客人说："出去玩如果遇到事情就给我们打电话""不要拘束，把这里当作你们远方的家"这时候把客人和客栈的感情就拉近了。

12.2.2.2 基于自媒体的传播

想要别人知道客栈的好，另外一点就是依靠自媒体传播。自媒体传播需要有传播的点，这个点就是客栈口碑传播的核心。通过源源不断持续的内容输出，达到病毒式传播。

塑造传播的点，这个点可以称之为卖点，就是民宿区别于其他家的一个显著特征。卖点可以分为图12-10所示的两种。

图12-10 卖点的类型

（1）物质上的卖点。卖点可以是物质上的体现，如优越的区位条件、地域上唯一性、稀缺性元素等都可以是卖点。一只可爱的猫或者狗都可以成为卖点。卖点应具有稀缺性。

比如，区域内唯一一家带有温泉的客栈，客栈内有一颗树龄超过百岁的古树，或者民宿是由百年老宅改建而成，这在同区域内可以成为卖点。

开店指南

> 物质上卖点容易被复制，一般很难保持长久性。随着客人消费、体验需求的变化，物质上的卖点可能不再是客人所关注的元素了，这时候得重新定位，选择新的卖点。

（2）无形的卖点。名气、品牌、故事、服务等都可以是无形卖点，如图12-11所示。

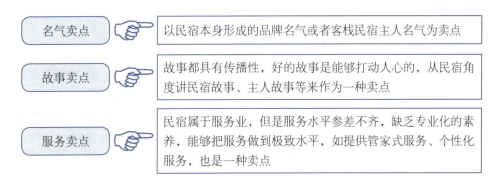

图12-11 无形卖点的类型

无形的卖点很难被复制，把这些卖点结合客栈，打包成一个信息产品，传递给潜在客人。自媒体传播是口碑传播的催化器，能够迅速将客栈形象、品牌传播扩散出去。

12.2.3 口碑营销的技巧

口碑营销是民宿营销成本最低、效果最好的宣传方法，通过口碑推荐的客人很容易成为民宿的下一个口碑传播者。人人皆可成为传播者，在某种程度上，口碑传播就相当于一个微型自媒体平台。那么，民宿主该如何做好口碑营销呢？可参考图12-12所示的技巧。

图12-12 口碑营销的技巧

12.2.3.1 让员工满意

一线员工是和客人接触最多的群体，也最了解客人的需求。员工的服务态度、服务知识、服务技能直接影响到客人的满意度。因此，要想让客人满意，产生良好的口碑，就要先让你的员工满意。一个整天都微笑的员工，和一个整天阴沉着脸的员工，给顾客的感受有天壤之别。

12.2.3.2 抓住传播领袖

在社会化媒体时代，一个社交媒体上拥有巨大粉丝量的"大V"或意见领袖，有着巨大的影响力。民宿主要充分利用本地名人和全国名人资源，让其在个人社交媒体上发声。尤其是旅游达人、娱乐明星之类的意见领袖，可以策划邀请他们前来休闲度假，并让其在微博微信上晒晒随手拍。如果有条件，则还可以请这些旅游达人和本地"大V"们，定期前来"参观指导"工作，营造参与感的氛围，当他们的一点点创意被采纳实施的时候，相信他们将是最积极主动的推广人员，而民宿主则是最大的赢家。

12.2.3.3 营造拍照场景

以前，游客到哪旅游，碰到好的地方，都喜欢刻上"某某某到此一游"，而如今，他们则是要拍照片，发到朋友圈进行展示。

比如，餐饮界互联网大咖黄太吉的创始人故意在门口摆放可爱道具玩偶，供顾客合影拍照，所有拍照发到微博微信上的照片，都会带上黄太吉的门头，可谓事半功倍。

一般游客到景区都很喜欢拍照，因此，民宿主可以在民宿的大门口或内部刻意设计一个供客人拍照的地方，让游客拍照时候，能够把民宿的信息有意无意地传播出去。

开店指南

> 在民宿里面，一些有着独特标识的地方，民宿主都可以故意设置拍照的背景，甚至可以安排两三个员工在旁边帮忙拍照。

12.2.3.4 超出客户预期

只有超出客户预期，给予客户惊喜和感动的东西，客户才会愿意主动分享传播并好评。所以一个项目能够让用户给予传播，核心就在于你能不能打造一个让顾客惊喜或者感动的东西。

一般来说，打造完美可能不太现实，但是在某个点上打造出极致体验，就会换来顾客愿意分享传播。与此同时，超预期的打造还有一个前提，就是降低没来之前的预期。做到这一点，一个是要求民宿主不要夸大宣传，过分运用PS过度的照片；另一方面，还可以在宣传的时候，留一两个细节不说，等客户去主动发现。

12.2.3.5 关注网络口碑

好的口碑容易传播，不好的口碑传播力度更大。所以，一定要有专人负责观察社交媒体上的反馈。

在传统认识里，一个不好的口碑将影响25个顾客，但在网络时代，一个"大V"的负面口碑甚至将会导致一个项目的破产。在极为重视个人维权和诉求的今天，不重视网络舆情，将会吃大亏。

12.3 品牌营销

再小的民宿也要有品牌。单体民宿也要有自己的品牌，这样才具备可传播性。民宿产品做得再好，也会看见"天花板"，而品牌的溢价则是不可估量的。

12.3.1 品牌形象设计

品牌作为民宿的形象代表，向旅客传递着民宿的文化、价值观、个性特色、个性化服务、硬件设施等，由此在旅客心中产生综合形象，拉近了民宿与旅客之间的距离，使其变得"熟悉"，以建立起民宿良好的形象。

12.3.1.1 品牌形象设计的目的

很多民宿主面临着定位失准、品牌形象模糊的困难，为更好地吸引客源，提升民宿的经济效益，民宿品牌形象塑造的重要性也就突显了出来。

品牌形象设计，应从图12-13所示的3个切入点来丰富民宿的形象表现形式，消除旅客对民宿的陌生感，并逐步建立起信任基础，增强旅客对于民宿的品牌认同，强化对于民宿的个性化记忆，进而提高民宿的入住率，最终建立起民宿的品牌。

图 12-13　品牌形象设计的切入点

12.3.1.2 品牌形象设计需考虑的因素

在你策划民宿的一开始,就要给民宿确定主题以及要吸引的目标客群,是学生,还是背包客,是家庭出游,还是独自旅行。

品牌形象的设计和打造需考虑图 12-14 所示的因素。

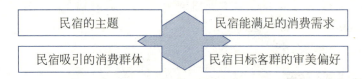

图 12-14 影响着品牌形象的设计和打造需考虑的因素

分析民宿的目标群体,我们能了解到他们更喜欢哪种品牌形象,比如你的民宿是休闲度假主题,这一部分人通常渴望休闲、轻松,可以考虑融入诸如温馨、亲切这些特质。

12.3.1.3 品牌 Logo 的设计

Logo 能够有效地传递民宿的定位信息、形象信息,知道你做的是一家什么样的民宿。

在制作 Logo 时,应注意图 12-15 所示的两点。

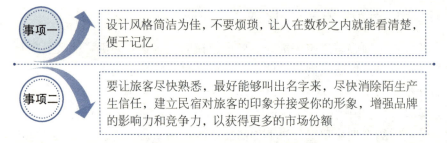

图 12-15 制作品牌 Logo 应注意的事项

12.3.1.4 民宿品牌形象的基础要素

民宿不同于酒店,民宿主开门迎接旅客,给人一种家的感觉,所以,品牌形象设计要贴近产品和旅客,强调家的温馨和人情味。具体要求如图 12-16 所示。

12.3.1.5 民宿的系列包装设计

当旅客接受了品牌形象,接下来就是预订和到场体验,对于旅客来说,熟悉民宿形象不等于熟悉民宿,需要入住导视,这个导视与旅客认知的品牌形象要统一,这就需要包装。具体要求如图 12-17 所示。

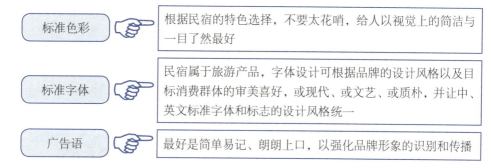

图 12-16　民宿品牌形象的基础要素

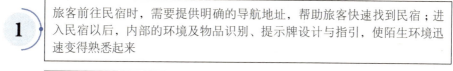

图 12-17　民宿的系列包装设计

12.3.1.6　民宿的营销系统设计

形象设计目的，是增加民宿与消费者情感的连接，增加消费者对于品牌的认同。具体要求如图 12-18 所示。

1. 设计一份民宿周边游的小册子，供旅客在当地游玩时参考，也增加了留客多住几日的机会，也宣传了品牌

2. 民宿售卖当地的土特产品、纪念品，对于商品的包装，不仅是销售的需要，也是旅客对民宿印象的一份记忆

3. 海报、招贴设计，要有连贯性，视觉形象要统一，现在的自媒体很发达，也可以用于微信等社交化传播

图 12-18　民宿的营销系统设计

12.3.2 品牌形象打造

品牌打造伴随着民宿从策划到落地,再到运营管理、营销和服务的全过程。

12.3.2.1 起一个能注册商标的名字

很多民宿主在给民宿起名字的时候,会用一些通用词汇作为自己民宿的名称,或者是用被别人已经注册了商标的名称。

其实,品牌不仅仅方便旅客辨识、记忆和传播,关键品牌是你的民宿的无形资产,当你每卖一间客房时,就产生两笔账,一笔记在银行账户上,另一笔记在品牌下面。如果民宿做大了,但名字用的是别人的,显然,品牌这笔财富也就记在了别人的名下。建议在取名的时候,去"国家工商行政管理总局商标局"的网站上查询一下,将自己取的民宿名注册成商标。

> **开店指南**
>
> 要让自己的品牌深入人心,首先要有一个好的品牌名字。简简单单的几个字必须传递出品牌的主要信息和个性,不仅要承载创始人的精神和理念,还要有高度的概括性,能在日后管理理念变更后依然适用。

12.3.2.2 打造品牌特色与风格

品牌能够反映出民宿的风格与特色,及民宿主人的气质与修养,品牌的意境决定了民宿的体验感,也是形成民宿品牌的关键。

有一种东西叫"吸引力",不同特色的民宿会吸引不同兴趣的客群,如陕西窑洞、福建土楼、徽派建筑等。

民宿品牌设计是对目标客群的投其所好,把客群的审美喜好放大到欲罢不能,借着品牌给出的出行方案欣然上路,在他对当地历史背景、人文风情作分享的同时,顺便对你的民宿品牌做了宣传,并在地域文化特征中,打上民宿品牌的关联词。

12.3.2.3 打造品牌文化

民宿品牌需要文化的注入,可以结合地域文化、主人情趣、特色服务等打造一个有故事、有场景的民宿,一个没有故事、没有人文的民宿,是没有生命力的。

品牌文化是在民宿经营中逐渐打造迭代而成的,是一个积淀的过程,也是旅客逐步形成的认知与共识,具有一定的代表性,如图12-19所示。

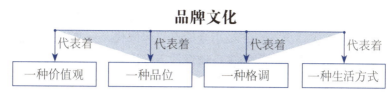

图12-19　品牌文化的代表性

民宿主要对民宿的长期发展有规划，要清楚地知道当前区域市场业态及竞争，每一阶段怎么运作，这是品牌决胜的关键，也是品牌的魅力所在。

12.3.2.4　建立品牌背后的故事

一个品牌真正能够打动消费者的往往是它背后的故事。

比如，坐落于江西婺源虹关村的一家古宅民宿继志堂，既不是奢华的五星级酒店，也不是遗世孤立的度假村，而是一座有百年历史的晚清徽商老宅。民宿经营者并没有在此建立一座奢华的五星级酒店，而是充分保留了老宅原有主人的儒家思想，以"仁义礼智信"儒家五常来命名房间。他们还发起了拯救即将失传的"徽墨"的倡议，把墨商老宅修复成集做墨、制笔、抄纸和刻砚的工坊。

这样的民宿已经不是卖房间这么简单了，它甚至主动担负起了保护非物质文化遗产的责任，如此有情怀和人文气息的民宿，想不打动消费者都难。

12.3.2.5　打造品牌体验感

即使投资巨大、装修材料很高档、品牌设计一流，但旅客的体验感不好，民宿的品牌也还是做不起来。因此，体验感才是民宿品牌的核心。

对于民宿的体验感，可从图12-20所示的两个方面来打造，要知道，你说好没有用，旅客说好，并愿意为此付费才是真的好。

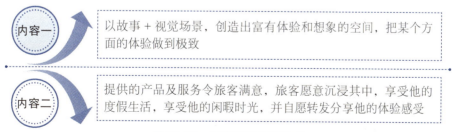

图12-20　打造民宿的体验感

12.3.2.6　品牌的传播

好故事，没有听众也是枉然。民宿有了品牌，首先是让旅客知道有这样一个地方，吸引他过来，让他住下，让他认同，这就需要对品牌的传播。

互联网时代，大媒体渠道正在被小众的自媒体取代，只要你的内容够好，智能推送一定会让更多的人看到。民宿主在做好线下推广外，也要做好线上推广，通过自媒体平台，持续输出优质的内容，创造更多曝光机会，使品牌内容累积在互联网中并形成传播效应。如图12-21所示。

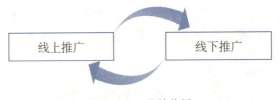

图 12-21　品牌传播

12.3.2.7　打造品牌价值

民宿从选址、合同、策划、规划、设计、环评、装饰、配套等营建过程中，就在创造品牌价值，而经营期间，运营模式、运营技巧、团队、工作及服务流程、成本核算等，将品牌价值最大化。经过时间的积累沉淀，经市场及用户的考验，品牌价值不断累积，直到有一天变成天文数字，品牌的价值才被更多人发现。

12.3.3　品牌营销策略

目前来说，住客选择住宿时都会优先选择品牌的，毕竟品牌代表着质量与信任，而品牌推广对品牌的知名度提升有很大的帮助。那么，对于民宿来说，品牌推广策略有哪些呢？具体如图12-22所示。

图 12-22　品牌推广的策略

12.3.3.1　精准定位客群并围绕用户需求打造产品

思考我们的客人是谁、客人的需求是什么，从而帮助你定位自己的品牌标签，设计、打造满足用户需求的产品和服务。

12.3.3.2 真实记录在地文化零成本做好品牌营销

当我们有了一个满足需求的好产品后需要让大家知道它,将自己的品牌传播出去,吸引媒体的主动曝光。把在地的真实生活记录下来,使之成为人们愿意听到的故事,人们喜欢这样的故事,就会因为故事来追寻故事的源头。

12.3.3.3 通过"产品延伸"增加用户复购率

通过分享不同的美好的生活场景,组织不同的休闲、聚会、聚餐、集市、团建等活动,并提供餐饮、咖啡、酒水等服务,让客人在不同时间来都能有不一样的体验和收获。

开店指南

> 伴随着旅游消费市场持续扩容,消费者对高品质、有特色的旅行产品需求越来越旺盛,而来自流量的焦虑、经营的压力,使得民宿的品牌化、连锁化运营开始成为产业新趋势。

第 4 篇

服务提升篇

第 13 章
提供优质服务

导言

客栈民宿属于第三产业中的服务业，服务的好坏直接影响到客人入住体验。服务是一种无形商品输出，客栈民宿时时刻刻都向客人输出服务产品。

本章导视图

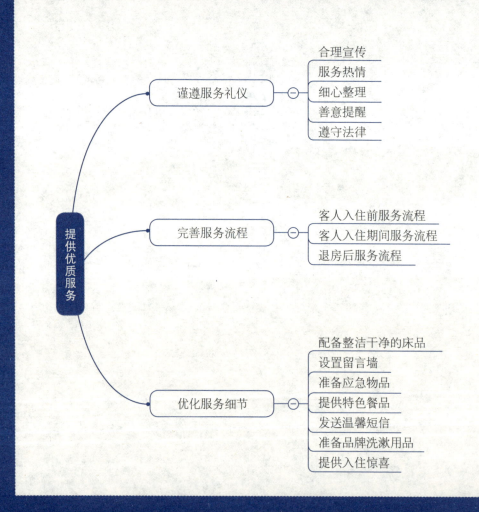

13.1 谨遵服务礼仪

13.1.1 合理宣传

民宿经营者要学会使用自媒体工具，做足经营特色与调性，找准自己的客户群，做到精准营销，同时拒绝夸大其词和对消费者进行错误诱导。

13.1.2 服务热情

在经营民宿时，民宿主要做到服务热情、待客友好，针对客人的特点和特殊需求，主动积极为客人提供针对性的服务；和客人进行有效沟通，对客人提出的要求要理解到位。

无论在什么时间和场合下，在见到客人的第一时间，应该保持微笑面对，并热情地与客人打招呼或点头致礼，对其表示欢迎。切忌对客人视而不见，只顾着埋头整理物品，这样是很不礼貌的行为。

13.1.3 细心整理

民宿工作人员在进入客房做保洁时，应该得到乘客的允许方可进入，尤其是客人不在房间里的时候。

工作人员注意在客房收拾东西时，所有物品都要轻拿轻放，不能乱翻客人的东西，特别对于比较贵重的物品，最好将它们保持在原位不挪动。切忌起觊觎之心，出现偷盗客人物品等行为。

13.1.4 善意提醒

在客人准备离开时，民宿工作人员应该保持同样的热情来欢送客人，并及时回房清理。如果发现客人有私人物品遗落时，应第一时间通知客人，让客人能够及时取回物品。如果客人已经离开，应该及时电话联系客人，让客人在第一时间知道遗失物品。

13.1.5 遵守法律

遵守相关法律制度，住宿、餐食等费用应定价公平合理，选取质量好的生活用品、新鲜的食材等，给消费者低价高值的优质体验，从而营造和谐的消费环境。

13.2 完善服务流程

13.2.1 客人入住前服务流程

确认客人订单后,第一时间找到客人联系方式,主动联系客人。

(1)告知客人已经预订成功,并再次确认入住信息,如入住时间。常常有客人在预订时候,发生入住时间填写错的情况,与客人再次确认入住信息可避免此类情况的发生。

(2)询问客人出行有关信息,包括乘坐什么交通工具过来,是火车、汽车、飞机还是自驾游等,以及到达大约时间、是否需要接车。

(3)出行情况,是旅游、商务还是度假等。

(4)结伴情况,是独自出行,还是情侣、朋友、夫妻结伴出行,同行中是否有小孩或者老人。

(5)饮食方面有哪些禁忌。

(6)有没有行程规划。

(7)添加客人微信,给客人发送店址地图信息及乘坐车辆信息。

下面我们来对入住前的两个案例进行比较。

案例1:客人在某个平台上预订了A民宿一间房。A民宿的前台人员收到信息后,把客人的入住信息登记后就完事了。

案例2:客人在某个OTA平台上预订了B民宿一间房。B民宿的前台人员收到OTA后台信息后,把客人的入住信息登记下来,然后找到客人的电话号码,第一时间联系上客人,内容如下:首先欢迎客人预订并告诉客人已经预订成功了,然后询问客人的情况,几个人过来、是不是带小孩或者有老人随行、有没有一些特殊的要求,最后跟客人要到微信号,添加了客人的微信,在微信里把客栈的地图及交通路线给客人发过去。同时,查了一下客人入住日期的天气状况,提醒客人。

分析上面两个案例,第一个案例是种被动接受,对客人的信息了解有限。第二个案例工作人员主动出击,对客人的信息有了一个很全面的掌握了解,然后根据客人的信息做出一些有针对性的安排。

13.2.2 客人入住期间服务流程

在客人入住期间,民宿可以搜集客人资料,加以整理,根据客人的个体情况做一些针对性的服务安排。

如果客人是情侣出行，房间布置可以浪漫一点；如果客人有老人小孩随行，可以安排低楼层、光照好的房间，还可在客房里提前准备一些儿童用品，如儿童图书、小玩具；如果客人飞机晚点，可以给客人准备一些夜宵。

比如，某民宿前台人员根据客人预订前的信息了解到，客人准备结婚，来这里要拍婚纱照。在房间整理过程中，提前在客房做了精心布置，在客床上用新鲜的玫瑰花摆置了一个心形图案，并且在地面上用蜡烛摆置了一个心形图案。客人打开房门，看见房间里面的布置，出乎意料，十分感动。

又如，民宿经营者王先生在微信朋友圈看到入住客人发表的一条说说："带的相机坏了，我们毕业旅行的照片只能用手机凑合拍了"，后面发了一个大哭的表情。第二天，王先生立即安排店里精通拍摄的员工，给两个客人免费拍摄了一组毕业旅行照片。

13.2.3 退房后服务流程

（1）在最短的时间内办理好退房手续。
（2）送给客人一瓶水或者一些其他的小礼品。
（3）把客人的行李搬上车，和客人说再见。
（4）发信息询问客人是否安全到达目的地。

开店指南

> 服务是没有止境的，这也意味着可能无法满足所有人的所有需求，甚至客人与客人、客群与客群之间的需求本身也存在着差异与冲突，但是这不代表你不能去打造一个平衡且不断改进的服务体系。

13.3 优化服务细节

13.3.1 配备整洁干净的床品

舒适、干净的床品是好梦的前提，也是住客最注意的问题之一。民宿主千万不要吝啬，想在床品上省钱。床品不需要多么华丽，只要干净舒适。优质的睡眠体验自然而然给你带来更多的好评。当然，如果带有自己的风格自然更会锦上添花。

13.3.2 设置留言墙

民宿不仅仅是一个睡觉的地方，更是一种情感的消费。每个住客对民宿都有着睡觉以外的期待，比如留下自己的故事、自己的回忆，而留言墙就可以把这个期待轻松实现，让来自天南地北的住客在这里留下最美好的回忆，也可让后来的住客与先来的住客来一场跨时空的相遇。

> **开店指南**
>
> 民宿主可以根据住客的需要选择公开或者不公开留言，而样式可以是便利贴但也不局限于便利贴（毕竟便利贴的保存时间太短了），各种各样的储存小木盒可以选择性的进行收费，但一定要合理。

13.3.3 准备应急物品

民宿的特色是什么？就是贴心。民宿主可平常在民宿中备着一些日常用品，如毛巾、雨伞（或一次性雨衣）、遮阳帽、药箱（酒精、创可贴、棉签、医用绷带）等。在外面游玩难免磕碰或者是鞋子磨脚了，有一个贴心的应急医药箱，能给房客带来家的体验。而针线盒、湿纸巾、牙线、电蚊拍、电蚊香也会让房客感到房东的用心。

也有一些细心的房东会提供一次性橡皮筋、卫生巾、护垫、卸妆水或卸妆油，这让很多女性房客直呼完美。

13.3.4 提供特色餐品

现在很多住客对民宿的评价中，除了服务、环境外，吃也是很重要的一点，毕竟民以食为天。

民宿毕竟不能像酒店那样提供自助早餐，让客人有足够多的选择。但民宿可以选择性搭配一份健康营养的早餐，不仅能满足客人的基本需求，还能获得客人的认可。一份有仪式感的早餐，是获得住客好感的重要手段。

13.3.5 发送温馨短信

对当天来入住的所有客人发送短信提醒，可以提前告知客人今天天气情况、路况信息、今天附近会有什么样的活动等,让客人还没入住就能体验到人文关怀,这是一件能增加客人好感的事,也是很容易做到的小事,但能感动到客人。

13.3.6 准备品牌洗漱用品

民宿主可按家用的标准在洗手间放一些品牌洗发水、沐浴露、牙膏,这比起那些劣质的一次性的洗漱用品要好用得多,房客也会有一种好熟悉的感觉。

13.3.7 提供入住惊喜

夏季在顾客来之前提前开空调,或用心准备好果盘,一碟水果成本不会太高,却让房客非常开心。同时也可以根据当下的时令给房客准备其他的小礼物,如中秋节,为远道而来的房客准备几块月饼,相信房客也能感受到民宿的家的氛围。

第 14 章
提供超值服务

导言

在市场竞争的促使下，民宿在满足客人基本的入住需求（如客房设施、卫生等）外，富有人情化的个性服务以及所提供的超值服务，成了其被越来越多客人所喜爱的关键，并因此收获了不少优质的好评。

本章导视图

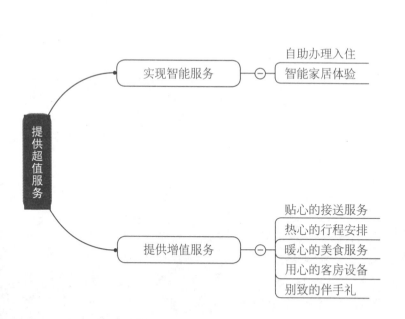

14.1 实现智能服务

随着物联网、AI快速发展,安防技术和智能家居赋能民宿建设,使民宿管理与服务更加智能化、人性化的同时,给予房客满满的安全。

14.1.1 自助办理入住

民宿主可以上线智能民宿管理平台,客人通过线上下单,系统会自动推送订单到管理平台的后台。客人到店后使用微信扫描二维码上传身份证件,人脸识别验证后即自助办理入住,不仅便于房东管理,彻底摆脱琐事,更能让客人感受到智能、便捷与安全感。

客人到达房间门口,点击开门按钮即可自动搜索房间号开门,摆脱传统房卡束缚。

14.1.2 智能家居体验

到目前为止,智能化产品在民宿中已广泛应用,在不远的将来会成为标配。毕竟对于那些相对更高端的客户而言,入住体验中有AI所带来的新奇感、便利感、娱乐感、舒适感、仪式感、神秘感加持也是他们的需求。

比如,杭州麦浪谷里小院控客智能家居系统在麦浪谷里扮演的并不是单一机械的"命令—执行"角色,而是能够进行多重感知、分析判断的智慧大脑。它感知着谷里清晨的光线和起居活动,为居者呈上最鲜嫩的那抹清新绿意;它掌控着室内温度和电器的使用,让舒适完美贴合居者的肌肤;它调控着灯光和影视设备营造氛围,犹如默契轻捻居者的心弦……

悄然置于房间各角落的人体感应器感应人体活动情况,环境传感器收集室内光照数据、室内空气相对湿度质量、室内温度情况,智能面板将各类灯光、家电的实时数据记录传送,系统内置的所在地区时间……智慧家庭主机通过综合处理繁复的数据,精准判断客房内的情况,生成处理方案并发出执行指令。

诸如智能插座、智能锁具、智能灯泡、智能地暖、智能影音等高科技与民宿的休闲性结合能带给游客独特的智能体验。随着智能家居在民宿业日趋流行,民宿不再是传统意义上的"农家乐",开始进入"智慧生活"模式。

14.2 提供增值服务

民宿主可以通过"住"这一基本要素,加上旅游出行的"吃、行、游、购、娱"等其他要素来为客人提供增值服务,从而解决住宿收入单一的盈利模式。

14.2.1 贴心的接送服务

有些民宿地处比较偏僻,或者民宿所在位置公共交通工具不能直达,这对客人入住和离店就会带来一定的困难。为了降低客人入住离店的出行困难,民宿主可以从图14-1所示的两个方面做好改进,提供接送服务。

> **地标等候**
> 客人在入住前一般会与民宿主取得联系,方便入住,这时民宿主可以安排店内服务人员前往民宿附近的地标建筑前等候,减少客人入住途中的耽搁

> **接送工具**
> 对于没有开车出行的客人,民宿主可以派车接送,这样能提升客人心中民宿的好感度

图14-1 提供接送服务

相关链接

如何做好民宿接送服务

民宿接送服务不仅是礼仪涵养的表现,也是服务管理和品牌形象的延伸。民宿主可从以下4个方面来做好民宿的接送服务。

1. 从各大交通枢纽至目的地的指引

在房客入住前发送一份清晰详尽的交通指南会大大提高房客对民宿的服务好感度。建议在房客预订后的24小时内,确保向房客发送电子版欢迎页及各交通枢纽到店的线路图。清晰简洁的交通指南应编辑中英文(及客户使用语言)版本,受当地情况影响的交通状况应提前备注给房客(如房客入住房源期间,地铁维修封闭,不开放)。所有的交通线路,确保一个初到陌生城市的人能够顺利按照指引抵达。

可以创建一份如下表所示的交通指南表格。

到店交通指南

交通枢纽	交通工具	线路说明	费用（预计）	时间（预计）
火车站				
飞机场				
长途汽车站				
码头				

2.入住指引

（1）录制一段智能门锁使用的视频导引，确保管家不在的情况下房客仍能自助入住房间。

（2）当日预订当日到店的房客，应确保使用电话、短信、微信等快捷联系方式与房客在第一时间取得联系，发送目的地地图定位、目的地楼体外观图片及附近地标建筑物图片，给出详细的到店指引并了解房客到店时间。

3.必要的接待

让房客轻松掌握自助入住到房源指引是一切接待的基础，房客到达的是一个陌生的地方，民宿主提前和房客沟通清晰简单的入住程序非常重要。

（1）尽可能地接待第一次来访的客人，帮助房客了解当地及客房的安全使用。实践证明：由房东直接接待过的房客往往有更好的入住体验，这将直接体现在退房后的房客评价中。而对房东而言，接待过的客人会更清晰安全地使用客房，大大减少因房屋设施使用不当而造成的突发状况。

（2）应急对策。房客可能会因为种种原因放大旅行中发生的困难及突发状况，比如因使用不当而扭坏钥匙在深夜进不了门，会使其陷入恐慌并向房东求援，此时必要的联系和应急对策显得必不可少。

4.制定专属接待话术

创建一份标准接待话术，有助于向房客传递信息准确的房源内容。接待话术应包括电话话术和现场接待话术两部分。总体原则，可以参照如何接待第一次来这个城市的朋友的标准。

（1）确认房客入住前一天。主要确认次日是否会按期入住，并问询大致到店时间，做好简单的记录。

主要内容如下：尊称、自我介绍、说明预订情况、介绍天气状况、温馨提示、告知交通路线、提示网络信号问题、联系不到时候的备用方案等。

（2）确认客户入住当天。根据记录到店时间确认客户是否清楚路线，预计好接待时间。如果客人到店时间晚，还要提醒客人店内晚餐结束的时间，可以在住宿景区外附近用餐后再入住。

主要内容如下：尊称、简要自我介绍、了解客人人员构成、询问到达时间、确认客人行车路线、提示交通路线标识、温馨提示交通安全、提示网络信号问题、联系不到时候的备用方案、确认进餐时间等。

（3）客人接待。主动迎接，自我介绍。带领客人入住过程中，适时介绍民宿所在地的地理位置、风土乡情、村落状况、周边设施及环境等内容。

（4）送客人到达客房。主动介绍房间设施、注意事项、服务项目等内容。

（5）客人离店。与客人沟通退房时间；请客人协助填写"意见调查表"；提示客人整理好物品，避免遗忘；主动协助提拿行李，送到接待地点或停车场，提示客人路上注意安全，目送客人离开等。

14.2.2　热心的行程安排

选择民宿的大多都是旅游休闲的客人，民宿可结合这些客人的特点，在这过程中提供一些出行支持。

14.2.2.1　出行攻略

民宿主作为本地人，或者说了解本地景区的人，肯定也知道哪里好玩或者哪里是雷区，那就可以告诉住客自己的一些游玩经验，甚至不忙的时候可以陪同客人一同出行，把客人带到一些当地的隐藏景点，也是非常不错的选择。

14.2.2.2　出行装备

特别是特殊地区的民宿（如山区、高原等），可在客人出行装备上提供一定的支持。

比如，稻城亚丁静谧小应客栈，因为地处高原，不少外地客人夏季到来时没带够衣服，老板就会主动将自己的衣服借给客人，并强调如果客人不多穿些就不要去景区，贴心的举动让客人大受感动。

14.2.3　暖心的美食服务

对于游客来说,发现和捕捉当地美食,无疑是极其重要的体验。

比如,日本北海道小樽银鳞庄就利用被石狩湾碧海蓝天环绕的地理优势,借助当地盛产的海产和水嫩蔬菜,餐饮上主打鲱鱼为主的新鲜鱼贝类特色食物。

目前,国内一些民宿主也尝试"民宿+餐饮"的运营模式,结合当地自然资源做出特色菜品,比如虹鳟鱼系列、野猪肉系列,都获得游客好评。

14.2.3.1　早餐设计

对于小体量民宿,提供和酒店一样的自助早餐不现实,但是没有早餐对于有就餐需求的客人就不是很方便。不少民宿会选择提供一份搭配巧妙的美味营养早餐,不仅能满足客人的基本需求,还能为民宿圈粉无数。

14.2.3.2　特色美食

在民宿的食堂中,如果有这么几道当地独有的,本店招牌的菜色,就能够抓住客人的胃,进而抓住客人的心,进而促进一次次复购。

14.2.3.3　暖心宵夜

因为外出游玩的关系,客人可能很晚才会回到店里,这时候小厨房的重要性再次上线,为客人简单煮碗面条、下碗馄饨,深夜食堂让客人从胃暖到心。

 开店指南

> 此外,民宿主可以介绍客人去一些自己打卡成功的当地特色美食店,即使自家民宿不能提供每位的午餐晚餐,也能让客人觉得不虚此行,感激民宿主的推荐。

 相关链接

民宿提供餐食的注意事项

在条件允许的情况下,民宿要如何给房客正确提供餐食服务呢?在提供餐食服务的过程中又有哪些细节方面需要特别注意的呢?具体如下。

1.安全健康

要供应饮食,第一要注重的就是食品的安全和健康,这里不仅仅指的是食品本身的健康安全属性，还包括餐具厨房的消毒、制作人员的身体状况等，可以说是非常重要的一个方面。

房东在食品原材料的选择和厨房烹饪人员的选择上，事先是要花一定时间了解的。给烹饪的人员培训厨房安全的基本技能，确保原材料的新鲜程度和稳定性，要在规定的时间内对厨房餐具进行有效的消毒处理，确保安全卫生，一定要达到国家对餐饮行业的卫生安全标准。总之，食品的安全卫生保障是民宿提供餐食服务的首要前提，也是最不可忽视的一个准则。

2.当地特色

"爱上一座城市，首先便是爱上它的美食"，所以当地特色美食的供应，也是民宿提供餐食服务的方向之一，毕竟前来旅行的客人也一定希望能够第一时间尝到当地的特色美食。

比如，黄山的臭豆腐和臭鲑鱼享誉全国，大飞家民宿的供应餐食中必然也少不了这两道菜的存在，做菜的师傅是请的当地很有经验的老厨师，定价也是按照当地的平均标准设定的，合适的定价、地道的当地口味，也是让房客们对这两道菜赞不绝口的原因之一，当然也打开了大飞家民宿更大的市场。

所以，无论身处何处，供应餐食服务还是可以从当地的特色入手的，只要性价比高，不愁拴不住客人的胃。

3.潮流小食

也不一定所有的房客都满足于当地食物，每个人的味蕾都不一样，对美食的见解也就各有千秋，海边的城市多产海鲜，但偏偏有人就对海鲜不太感冒，所以在准备当地特色菜的同时，也要为可能对其不感兴趣的其他房东做好准备，也就是可以寻求一些当下潮流的小吃，来弥补这个小缺憾。

说起小吃，这里特指的是一些诸如面包、坚果类的硬性零食，可以放在民宿中进行日常供应，当然房东要严格保障所提供的小食的质量，在保质期上多多注意，切忌一不小心就过期的现象发生。当然，时令的水果也是不可缺少的一门小食。

4.种类多样

关于民宿内提供餐食种类的多样性，这里不同于上一点中提到的小吃供应，而是真正意义上的主食类型的多样化，具体参照，南方主米、北方主面。

民宿不同于其他行业，前来入住的房客可能来自全国各地，五湖四海皆有可能，那么在餐食的供应上自然不能完全按照区域的标准来衡量，需要提供更多可选择性主食。就好比大学食堂为了满足来自全国各地学生的口味，所供应的主食也是南北皆宜，类型繁多，民宿也是这个道理。给客人更多可选择的机会，同时也是给民宿的发展多提供了一层机会，满足了客人的味蕾，也是民宿成功的表现之一，所以面对来自不同地方的房客，不仅可以利用当地特色的美食进行服务，还可以选择他们习惯的食物。

14.2.4　用心的客房设备

在住宿方面，现在不少民宿在入住体验上，已经达到了较高的水平。

14.2.4.1　设备选择

区别相对中规中矩的客房设备，一些定位高端的精品民宿会选择更高端的品牌设备，如戴森吹风机、智能马桶、按摩浴缸等，而更多民宿会选择在枕头、被子上下功夫，为客人提供良好的体验。

14.2.4.2　切合主题

客房的整体装修与物品摆放，也会与整体调性相契合。

比如，不少设计古朴的民宿内现在都会准备一套设计精美的茶具应景，而在洗护用品的选择上，他们则会倾向于那些檀香型的，让客人能够在嗅觉感官上沉浸其中。

14.2.5　别致的伴手礼

客人离店时，如果能给客人送上有当地特色的伴手礼作为离店小礼品，也会让客人感受到民宿的用心。送礼的成本要可控，可以根据实际情况来定。

比如，客人觉得早餐的土鸡蛋很营养美味，可以在客人离开时送上一盒鸡蛋，客人说民宿的茶很好喝，也可以给客人准备小盒装让客人带走。

在房客离店退房时，还可以给房客送两瓶水带到路上喝，成本不高，却让房客感到了无微不至的关怀。曾有房东给每个离店的客户准备一个大苹果，寓意"平平安安"，令房客十分感动。

第 15 章
提高客户满意度

导言

客户满意度，也叫客户满意指数，是对服务性行业的顾客满意度调查系统的简称，是一个相对的概念，是客户期望值与客户体验的匹配程度。换言之，就是客户通过对一种产品可感知的效果与其期望值相比较后得出的指数。

本章导视图

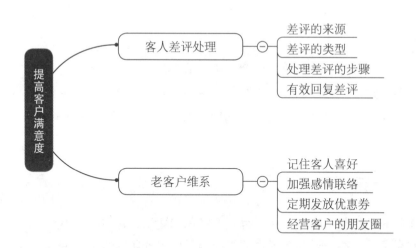

15.1 客人差评处理

差评,对于民宿房东来说,真的是两个格外扎心的字眼。民宿得了差评,不仅会影响新用户对民宿预订的转化量,更会影响民宿在平台的整体排名。

15.1.1 差评的来源

从客人的角度看,民宿的整体水平(硬件及软件层面)和客人的心理预期是相关联的。民宿的整体水平高于客人的心里预期,获得好评概率高;相反,民宿的整体水平低于客人的心里预期,获得差评概率高;民宿的整体水平持平客人的心里预期,获得中评概率高。

15.1.1.1 客人心理预期的产生

客人的心里预期是建立在通过平台信息产生的一个估值,即根据民宿在销售平台上所展示的信息,以及客人和以往住宿经验的比较。

民宿在预订平台上通过文字、图片、视频等信息载体来介绍客栈民宿整体情况,这些信息要做到符合实际,不夸大。以下三种情况下,民宿整体展示水平低于客人的心里预期,客人会认为民宿存在欺骗性,就会给出差评。

(1)图片与实际不符合。展示的图片太美,实际效果却很差。
(2)介绍中的硬件设施及其服务与实际不符合,没有或者根本不是描述中的那样。
(3)价格与客栈民宿实际软硬件不符合。200元的硬件、软件配置,卖400元。

15.1.1.2 导致差评的要素

十个好评或许才能够吸引一个客人,而一个差评就可能损失十个客人。差评的破坏威力十足。所以民宿经营过程中,尽量要避免客人差评。要想避免差评,首先要找出可能导致差评的要素,只有提前把这些要素发生率降到最低,才能够把获得差评的风险降到最低。

表15-1所示的这些要素最容易导致客人的差评。

表15-1 导致客人差评的要素

序号	导致差评的要素	具体说明
1	房间卫生	(1)被褥上面有污渍毛发 (2)墙角有蜘蛛网 (3)房间里面有虫蚁、蟑螂等小动物 (4)卫生间马桶上有污渍

续表

序号	导致差评的要素	具体说明
2	房间基础设施	出现差评概率最高的三个因素：热水、网络、隔音 （1）热水：没热水、热水出水速度慢、热水水流小等 （2）网络：上网速度慢或者网络时有时无 （3）隔音：隔音差，民宿外面吵闹或者民宿里面吵闹，导致客人不能够很好的休息
3	老板或者工作人员服务	服务不及时、服务不主动、没有服务、服务态度差这四种情况在服务上最容易导致差评；服务是一个放大器，服务做得好，客栈民宿优点被无限放大，服务做得差，客栈民宿缺点就会被无限放大；在评论中，服务往往是最能增分或者是最能减分的一项
4	房间硬件设施	房间硬件设施陈旧或者有破损，这两种情况最容易导致差评的产生
5	客栈周边配套	客栈民宿周边配套少，不能给客人提供便利，如餐饮、交通、购物、娱乐、银行等缺乏
6	客栈地理位置	地理位置偏远、地图标注信息不精确导致导航错误

15.1.1.3 描述要准确

针对容易导致客人差评的要素，民宿主应采取相应的措施来尽量减少差评出现的概率。对此，民宿主在各大销售平台上的描述要准确，不能夸大其词。具体来说，要做到以下4个方面。

（1）文字信息要准确，与民宿的实际情况相符合，切记无中生有。本来民宿不提供停车位，却在销售平台上显示有提供停车位的服务，结果客人自驾来发现没有停车位，肯定让客人不愉快。还有很多民宿由于种种原因不提供发票，而在销售平台上没有写明，有的客人在消费完后，索要发票，结果民宿拿不出发票，结果可能导致一些纠纷。

（2）图片信息尽量符合民宿的实际情况。民宿在上传照片时候，照片都会进行一系列的优化。如果客人实际到访后，发现跟网上照片差别太大，无疑就会降低客人的心理预期。

（3）地理位置信息要精确。民宿在地图上标注的信息一定要精确。在没有接送的情况下，客人来到后往往会根据地图信息来找具体位置，如果地图信息有一些差错，客人很难找到或者走了很长冤枉路，那么会影响客人的心情，从而造成对民宿的误判。

（4）一些特殊信息要写明。如每个房间只能住两个大人，房间不提供加床服务；房间不允许携带宠物等。

15.1.2 差评的类型

作为民宿主，首先我们应该知道，哪种类型的差评，对民宿来说是最可怕、最致命的。根据携程调研显示，对民宿影响最大的差评大致分为图15-1所示的3种类型。

类型一　多张图片+长篇文字类型差评

大多数人会相信自己的眼睛，毕竟耳听为虚眼见为实，有图片佐证的东西大都错不了，所以这类差评阅读量一般都很高，高阅读的驱使下也会排在相对更靠前的位置，而这样的差评如果不及时作出回复那对民宿的效益肯定会产生很不好的影响

类型二　过分解读，盲目夸大类型差评

有的客人是十分敏感的，一旦他对民宿产生了不满情绪，那做一切事情都是抵触的，芝麻大的事情也能说成西瓜那么大，比如"民宿工作人员不够热情"，在差评中可能会描述为"服务人员态度十分恶劣"

类型三　同行恶意差评

竞争有良性，肯定也有恶性，遇到恶性竞争的商家可能会进行恶意差评，如果不进行及时回复，可能也会产生误会，影响入住

图15-1　差评的类型

15.1.3 处理差评的步骤

民宿如果不幸有客人给予差评，民宿主也不要慌乱，不要愤怒，冷静下来，按图15-2所示的步骤进行处理。

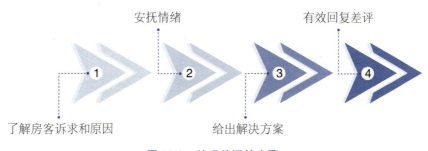

图15-2　处理差评的步骤

15.1.3.1 了解房客诉求和原因

首先不要看客人说什么,应冷静分析他为什么给你差评,给你之后他想做什么。有的客人纯属愤怒,只是要宣泄一下;有的是想打折或者免费住。了解清楚原因和目的再进行下一步处理。

15.1.3.2 安抚情绪

如果是有情绪需要宣泄的情况,请充分且合理安抚客人情绪,动之以情晓之以理,要相信讲道理的人居多。切忌上去就表明想要别人删除评论。需要换位思考,用你的真诚打动客人。而对于目的不纯的客人,也需要充分沟通。

15.1.3.3 给出解决方案

提出相应的解决、赔偿、补偿方案,这里一定要仔细斟酌。别直接给金钱补偿,给点走心的补偿,反而会事半功倍,比如诚恳的致歉、特产补偿。

对于恶意闹事的客人,也不要过多担心,沟通过程中如果对方有明确表示索要钱财(勒索、敲诈),请务必保持克制,并充分收集保存证据,销售平台会有相应的裁决,必要的时候也可以寻求法律途径。

相关链接

处理差评的不合理方式

1. 不断联系客人删除差评

说的好听一点是联系,说得难听一点就是不断骚扰客人。其实这种方式不仅不会产生好的效果,反而会使得住客更加反感甚至追加差评,适得其反。

2. 泄露客人隐私

客人入住会登记,当客人给出差评后,有的民宿会顺藤摸瓜,将差评和客人隐私信息对应起来,更有甚者在回复中暴露客人的姓名信息,比如"你好,李女士,你在评论中提到的问题我们已经给予纠正……"这个是最愚蠢的方式。

3. 跟客人吵架

有的民宿觉得自己很委屈,确实可能存在客人恶意抹黑民宿形象的情况,然后在评论中和客人发生争执,其实这样的做法是十分不可取的,过激的态度反而会让浏览者觉得你这家店可能真的有问题,即使相信是消费者的问题,也会觉得这家民宿主态度十分不友好,从而产生不好的第一印象。

15.1.4 有效回复差评

那么如何应对差评，减轻民宿负面效应呢？新出台的《电商法》从2019年1月1日已经生效，该法案明确规定，不得删除消费者对其平台内销售的商品或者提供服务的评价，否则将可能面临最高50万元的罚款。在无权删除这些差评的情况下，民宿主要做的，还是应该从差评回复入手。

首先，民宿主一定要明白差评回复的时效性，这一点不用过多阐述，一条差评挂的太久却没对它进行妥善回复，对民宿订单肯定会有影响的。一般情况下，24小时内回复是最佳的。虽说很多客人看到差评可能会直接放弃，但也有大部分客人会更想了解民宿是否有针对住客的差评及时作出反应。因此，越早作出回复，该差评对订单的影响也就越小。

其次，民宿主应该要明白什么样的差评应该进行什么类型的回复，按照差评的类型，有效的回复可以分为图15-3所示的三类。

类型一 针对事实类型的差评

客人有理有据的提出差评，民宿主应该及时自查，并在回复中表明，民宿这边已经及时检查并立刻改进这些问题，最好把整改措施一并放上去，并且强调不会让这种情况再次发生

类型二 针对环境、设施类型的差评

这类型的回复都有一个共性，可以按照"表达歉意—改进措施—强调不会再犯"的思路进行回复，这样的回复会让住客觉得自己的反馈受到了重视，虽说可能会对评分造成一定的影响，但是对浏览者而言，却是一种不错的处理方式

类型三 针对服务人员类型的差评

针对服务人员的差评回复也可以有一个思路：表达歉意—强调已处罚相关工作人员—加强管理措施—强调绝不再犯

图15-3 针对差评的有效回复类型

 **相关链接**

差评回复话术

客人评论：没有说为什么，但客人就是觉得"不够理想"

回复话术1：看到客官您的点评，民宿小伙伴们万分开心。很荣幸我们的服务得到您的评价，我们一贯保持热情真挚地为客人服务。民宿在××附近，位于繁华的商业圈，附近有××商城，舒适、静谧、温暖、朴实的住宿空间是我们民宿致力为您打造的生活方式，我们很期待您经常来看看，等您回家哦！

回复话术2：尊敬的宾客，非常感谢您的分享，以及对民宿的喜爱。××民宿于20××年开业，至今已有××年的历史，我们一直秉承着"……"的原则，为客人提供宾至如归的入住体验。民宿服务标准亦不断升级，每次光临，您将体验领略别样风情的××民宿。我们期待您的再次光临，祝您生活愉快！

客人评论：对客房设施、卫生有意见

回复话术1：尊敬的贵宾，为您带来不好的入住体验，我们深表歉意。在您入住民宿期间，房间有任何设施设备方面的问题您可以随时呼叫服务员，我们24小时待命为您解决问题，关于房间××问题，我们已加强维修，确保您下次入住不会再出现此类问题，为您带来的不便我们深感抱歉。

回复话术2：尊敬的宾客，您好！很高兴从留言中得知××民宿给您留下的美好印象。在客人入住之前，我们都会进行查房、打扫客房并更换床单，每一步都有规范的服务流程，请放心入住。感谢您对我们的包容与谅解，我们会继续做好服务，相信您在下次入住时会得到更好的入住体验，民宿期待您的再次光临，祝您生活愉快！

回复话术3：尊敬的宾客，感谢您选择××民宿！民宿很重视清洁与园林区域的卫生，我们会加强对民宿员工的培训。期待您和家人的再次光临，让我们为您提供一个美好的度假环境。

客人评论：对民宿服务、早餐有意见

回复话术1：尊敬的宾客，您好！感谢您对×××的选择！细节决定成败！数不尽的细节服务也许不奢侈，也许不浪漫，也许不感人泪下，但却点滴入心头，最终能使宾客满意，才是我们最大成就感与幸福感的来源！我们会努力提高自己的细节服务,感谢您对我们的宽容与理解!欢迎您的下次再来!祝顺安!

回复话术2:尊敬的宾客,您好!非常感谢您的入住和详细点评。正是如您一样的客人对我们的不断关心和督促,才能使我们不断发现工作中的问题,获得改正和不断进步。从您的点评中,我们很遗憾地看到此次入住未能达到您的期望,给您带来的不便我们表示歉意。民宿房东非常重视,并已经做了认真的调查和及时的整改,您的宽容和理解是对我们工作的鼓舞和支持!真诚期待您的再次光临!

回复话术3:尊敬的宾客,您好!谢谢您选择××民宿并与我们分享您的入住体验。关于早餐问题,很抱歉给您带来的不便体验。民宿将会组织工作人员对早餐问题进行调整,谢谢阁下提出的建议,期待阁下的再次光临!

客人评论:不满意地理位置、周边环境

回复话术1:尊敬的宾客,您好!民宿地处××商圈内,这样的位置给宾客吃、住、游、娱、购提供了极大方便,而且民宿管家会为您的出行保驾护航,入住期间您有任何疑问都可以联系管家,我们以"家人愉悦的心情"至上。希望能用我们不断的努力赢得您下次5分的好评!

回复话术2:非常感谢您选择××民宿,也许这就是缘分,让您和××民宿有了一场美丽的邂逅。我们一定会积极提升我们的软件服务和硬件设备,为我们的下次相遇做好充分的准备。

客人评论:提出某事件给予差评的

回复话术1:感谢您入住××民宿并与我们反馈您的入住感想,非常抱歉此次入住未能达到您的期望,我们诚挚地希望与您取得联系,了解更多细节,以便做出相应的完善。您可以拨打房东电话与我们反馈宝贵建议,希望我们的改进能迎来您的再次光临!

回复话术2:亲,看到您的点评,我们很伤心没能给客官您满意的入住体验,这是我们最大的遗憾。您的诚恳评价是对民宿不断进步的鞭策,我们期待您的再次光临,一定会给您更好更满意的入住体验,会让您感受到我们的诚意。我们会以更好的服务来迎接每一位客人,最后祝您生活愉快,感谢您的真诚评价,真心希望您能够再次入住来感受我们的进步。

15.2 老客户维系

经营者都知道老顾客的重要性,是否是回头客是一方面,是否忍不住的去给身边朋友推荐,也是很重要的。可是真正做好客户关系管理服务的少之又少。

15.2.1 记住客人喜好

在日常的服务中,尊重客人偏好并满足其偏好的服务往往能得到客人更多的认可并给客人留下更深刻的印象,同时也更容易为民宿赢得回头客。

其实我们每位客人都会或多或少有自己的一些偏好或习惯,这些可以从客人的一言一行中得到体现。作为民宿主,在对客服务中就要善于捕捉并关注这些细节,然后在自己力所能及的范围内尽量按照客人的偏好去有针对性地提供相应的服务,而不能在工作中只强调民宿的规范而忽视客人的个性化需求。

好记性不如烂笔头,民宿主可将接待过的客人做好档案管理,详细记录每位客人的姓名、年龄、爱好、偏好、习惯。当入住过的客户来预订的时候,你就能迅速地从数据库里了解到客户的喜好。

比如,睡眠轻,好静的顾客,那么在推荐客房的时候,可以为其推荐离公共区域稍微远一点的。

15.2.2 加强感情联络

适逢节假日的时候,记得给老客户发祝福的短信,准备一些小礼品,不需要多么贵重的礼物,只要让老客户有受到重视的感觉,觉得民宿主很贴心。

更有心的民宿主,会在客户生日送出一份小祝福,一份小礼物,可能是一条短信息,可能是一张明信片,也可能是当季民宿里的小特色食品或者手办。

比如,××民宿会在客户生日之际寄出一小瓶自酿的青梅酒,加上两个小茶样,礼物虽然不多,但是很温馨,让客户满满的感动。

15.2.3 定期发放优惠券

店里有什么大型活动、促销活动等,要记得第一时间通知老客户,并发放相应的优惠券,鼓励客户出游。要让客户有自己被尊重的感受,体会到民宿的关怀。

15.2.4 经营客户的朋友圈

微信，给我们提供了一个与客户近距离接触的空间，让我们与客户交朋友，显得更快捷方便。民宿主要常常关注顾客的朋友圈，要知道，没有什么关系是一个赞不能拉近的，如果不行，那就不停地点赞。

除了点赞之外，还要经常去客户的朋友圈发表评论。

比如，客户在朋友圈晒娃，你可以评论"（配上表情）哇~宝宝超可爱"，顾客晒旅游照，评论"风景美，人更美！"……多做诸如此类的互动，客户才能记住你。

要知道客户的微信好友不只你一个人，所以你要在客户的朋友圈里刷印象、刷存在感。